보험, 아는 만큼 요긴하다

한글 맞춤법 제50항에는 '전문 용어는 단어별로 띄어 씀을 원칙으로 하되, 붙여 쓸 수 있다'라고 나와 있다. 본서에서는 가독성 측면에서 일부 전문 용어를 붙여 사용했다. 일부 단어들 또한 표기 통일성 측면에서 붙여 사용했음을 알린다.

보험, 아는 만큼 요긴하다

보험 전문기자가 알려 주는 보험의 모든 것

전혜영 지음

|프롤로그|

"나는 보험을 ○○합니다"

나는 2천 일 동안 보험업계를 취재한 보험 전문기자다.

2016년 1월 인사가 난 후 만으로 5년 반, 햇수로 6년을 꽉 채워 보험파트를 담당하고 있다. 보통 일간지 기자들이 2~3년에 한 번꼴로 출입처를 바꾸는 것을 감안하면 한 출입처에 이례적으로 오래 있었던 셈이다. 그렇게 매일같이 보험업계 종사자들을 만나고, 보험정책, 규제, 상품, 서비스 등등에 관해 많은 취재를 했다. 하지만 여전히 나는 보험이 참 어렵다.

이 책의 기반이 된 '전기자와 보아요(보험, 아는 만큼 요긴하다)'라는 연재물을 기획한 이유도 보험이 어려워서였다. 개념도 어렵고 용어도 잘 모르겠다. 처음에는 아무리 쉽게 풀어쓰려고 노력해도 '내가 지금 무슨 말을 쓰고 있는 건가' 스스로 헷갈릴 때도 많았다. '과연 일반 독자들이 내가 쓰는 기사에 관심이 있을까', '이 기사가 도움이 되는 걸까'라는 고민도 많이 했다.

신문이라는 특성상 형식과 내용에 제약이 많다 보니 일반 독자들이 관심을 가질 만한 소재임에도 불구하고 가독성이 떨어질 때가 많다. 지면의 한계에서 벗어나 온라인으로 연재하면 좀 더 편하고 재미있게 다양한 소재로 독자들에게 다가갈 수 있을 것 같았다. 그렇게 '전기자와 보아요'는 남녀노소 누구에게든 흥미를 끌 만한 실제사례들을 중심으로 보험을 더 잘 이해할 수 있게 소개해보자는 취지로 탄생했다.

사실 살면서 누구든, 언제든 단 한 번도 보험을 마주하지 않고 살긴 어렵다. 보험은 인간의 탄생부터 죽음까지 어떤 금융보다 밀접하게 닿아있고, 아무리 외면하며 살려 해도 피하기 어렵다. 살다 보면 하다못해 자동차보험이라도 가입하는 일이 생기지 않겠는가. 그런 마음으로 연재한 기사들은 감사하게도 독자들로부터 과분하게 많은 관심과 사랑을 받았고, 그 연장선상에서 이 책을 준비했다.

'전기자와 보아요'의 독자들뿐 아니라 모든 보험사 가입고객들이 보험을 더 잘 알기 위해서는 전제조건이 있다. 먼저 설계사를 비롯한 보험업계 종사자들이 보험에 대해 잘 알고, 본인들이 아는 내용을 고객들에게 이해하기 쉽게 전달할 수 있어야 한다. 보험회사에 유리한 관점보다는 고객에게 유리한 관점에서 말이다.

그동안 일반 독자의 관점과 눈높이에서 '전기자와 보아요'를 썼다면, 이 책은 보험업계 종사자들이 한 권으로 보험에 대한 거의 모든 사항을 한눈에 쉽게 찾아볼 수 있는 '보험실용서'를 목표로 했다. 이에 온라인 연재물에는 없는 보험업계 사람들에 대한 이야기 등을 새로 추가했다. 특히 설계사라는 직업에 대한 세간의 편견이나 오해, 그리고 자기불신 등에 대한 이야기를 스스럼없이 하고 싶었다. 나의 이런 이야기가 미약하나마 보험업계 종사자들의 자긍심을 높이는 데 도움이 됐으면 더 바랄 나위가 없겠다.

'보험을 ○○한다'고 하면 열에 아홉은 '○○'에 들어갈 말로 설계를 꼽을 것이다. 처음에 나는 설계라는 말을 대체할 '○○'을 찾고 싶어서 이 책을 쓰기 시작했다.

'설계한다'는 말 그대로 '계획을 세운다'는 뜻이다. 하지만 우리가 흔히 알고 있는 '보험을 설계하는' 일은 그보다 더 많은 의미를 담고 있다. 나는 한동안 '○○'에 꽂혀서 보험업에 종사하는 사람들이 하는 일을 직관적으로 표현할 단어를 찾는 데 고심했다. 주변에 보험회사 사람들을 만날 때마다 의견을 구하기도 했고, 혹시나 영감이 떠오르지 않을까 싶어 수시로 국어사전을 뒤져보기도 했다. 일단 '○○'으로 비워두고 책을 쓰다 보면 답을 찾을 수 있을 것이라고 생각했다.

이 책에는 보험과 관련한 많은 사람들의 사연이 등장한다. 누군가에게 보험은 '사기'였고, 또 다른 누군가에게는 '은인'이기도 했다. 어떤 이는 보험을 '증오'했고, 다른 이는 '감동'했다. 필요 없다고 생각하는 사람에겐 '사치'였고, 필요하지만 못 드는 사람에겐 '미련'이었다. 많은 사람들이 '억울'했고, 일부 사람들은 '예찬'했다. 드물지만 '사랑'이라는 사람도 있었고, 대체로 '미움'이 많았다. 개인적으로 우리 어머니는 '맹신'했고, 우리 아버지는 '무시'했다.

보험에 대한, 그리고 보험을 설계하는 일에 대한 스펙트럼이 이렇게 넓다 보니 책을 다 쓴 지금까지도 나는 '○○'에 들어갈 말을 결국 찾지 못했다. 여전히 보험은 종잡을 수 없이 헷갈리고 어렵다. 하지만 정의가 어떻든 보험은 태어나는 순간부터 죽는 날까지 우리 일상생활 곳곳에 빠짐없이 엮여서 누구나 살면서 한 번쯤은 만날 수밖에 없고, 그래서 삶에 필요한 금융상품임은 분명하다.

앞으로도 많은 사람들이 보험을 '○○'할 것이다. 어떤 단어로 채워질지는 결국 이 책을 접하게 될 보험업계 종사자들과 독자들에게 달린 것 같다. 지금 이 순간, 당신의 머릿속에 떠오른 '○○'은 과연 무엇일지 무척 궁금하다.

요약하고 또 요약했는데도 보험에 관한 이야기는 책 한 권에 담기가 역시 어려웠다. 부족함이 많지만 이 책을 통해 독자들도, 보험 고객들도 보험이 조금은 덜 어렵게 느껴지길 바란다.

2021년 여름의 한가운데서.

전혜영

| 차례 |

Chapter 5

그래서 나는 보험을 마스터합니다 – 법과 보험

Chapter 6

베테랑 설계사도 궁금한 보험 이야기(Q&A) – 일반 편

Chapter 7

베테랑 설계사도 궁금한 보험 이야기(Q&A) — 자동차보험 편

부록

'알아두면 쓸 데 있는 신박한' 특약

기자의 눈으로 본 보험의 세계

"보험은 왜 원금보장 안 해주나요?"

보험을 취재한 지 올해로 6년째가 됐다. 그동안 하루에 기사를 한 건씩만 썼다 해도 최소 2,000개 이상의 보험 관련 기사를 쓴 셈이다. 기사를 쓴 후 기자들은 크게 두 부류로 나뉜다. 독자들의 반응이 궁금해서 가급적 댓글을 다 읽어보려는 '상처를 사서 받는 파'와 어차피 욕뿐이거나 댓글이 아예 없을 것이라며 보지 않는 '정신건강을 챙기는 파'다. 나 같은 경우 마음은 후자이고 싶지만, 어느샌가 댓글을 챙겨보고 있는 전자에 속한다.

요즘 워낙 가슴에 화가 많고 인생이 힘든 분들이 많다 보니 인터넷상에서 좋은 댓글을 찾기 힘들어졌다지만, 유독 보험기사는 드물다 못해 귀한 느낌이다. '기사내용이 무엇이든 나는 욕을 하리라'라고 마음이라도 먹은 것처럼 어떤 기사든 댓글반응이 비슷하다. 보험회사는 '사기꾼' 아니면 '도둑놈'이라는 것이다. 어떤 사연은 입에 담기 어려운 욕도 많고 구구절절 다양하게 댓글이 달리지만 요약하자면, '보험사는 보험금을 안 줘서 나쁘다. 고로 보험은 들 필요가 없다'라는 소리다. 비슷한 맥락에서 '보험 들 돈으로 차라리 적금을 들라'라고 '은행행'을 권장하는 댓글도 많다.

애초에 보험회사는 보험료를 받아서 보험금을 주는 곳이다. 보험금지급에 관한 불만이 넘쳐나는 것은 어찌 보면 당연한 일이다. 주는 사람과 받는 사람의 입장이 다른 와중에 보험약관은 또 왜 그렇게 쓸데없이 복잡한지. 무엇보다 돈이 걸린 일이 아닌가. 약관의 해석 등에 따라 분쟁과 다툼이 끊임없을 법하다. 그런데 보험금지급에 이어 보험사가 댓글에서 욕을 먹는 이유 2위가 원금보장이라는 점은 좀 안타깝다. 주로 "10년만 넣으면 원금보장해준다더니 왜 해주지 않느냐"라는 식의 사연들인데, 보험상품에 대한 설명과 이해가 충분했다면 듣지 않아도 되는 욕이기 때문이다.

댓글을 다신 분들이 본다면 대로하실 일이지만 대부분의 보험상품은 은행의 예·적금과 달리 처음부터 원금보장을 목적으로 만들어지지 않았다. 말 그대로 보험 즉, 미래의 위험에 대비해서 만든 금융상품이기 때문이다. 보험은 크게 보장성상품과 저축성상품으로 나뉜다. 보장성상품이란 자동·상해·건강·사망보험 등 일반적으로 우리가 흔히 아는 보험상품들을 말한다. 보장성보험은 아플 때나 사망 등에 대비해서 보험료를 내고 나중에 위험이 실제로 벌어졌을 때 보험금을 받는 것이 그 취지다. 보험료를 내는 것 자체가 나중에 원금을 보장받거나 은행보다 높은 수익률을 받는 것이 아니라 질병, 사망 등에 대비한 것이라는 의미다.

이 때문에 보험료를 몇 번 안 낸 상태에서 병에 걸려, 납입한 것보다 훨씬 많은 보험금을 받는 경우도 생긴다. 반대로 보험료를 만기까지 꼬박꼬박 내고도 병에 걸리지 않아 낸 것보다 적은 만기환급금을 받는 일도 있다. 자동차보험도 누군가는 사고가 나서 보험금을 타지만 사고가 안 난 사람들은 보험료만 내고 보험금을 전혀 못 받기도 한다. 당연히 사고가 나지 않았다고 해서 보험료를 돌려주지 않는다.

물론 보험에서도 저축기능을 갖춰 일부 약속한 만큼 원금보장이 되는 상품도 있다. 저축보험, 연금보험 등 저축성상품이다. 이런 상품은 고객이 보험료를 내면 계약을 유지하는 데 필요한 사업비 즉, 설계사 수수료 등을 떼고 나머지 원금에 공시이율 또는 확정이율로 이자를 붙여서 보험금으로 돌려준다. 저축성보험은 일반적으로 최저이율이라는 것을 보장한다. 예를 들어 최저보증이율이 2%인 상품에 가입했다면 시장금리가 그 이하로 떨어져도 보험회사가 가입자에게 2%의 이자를 지급하는 식이다. 이런 기능이 있는 저축성상품만 일부 원금보장이 가능하다.

그럼에도 불구하고 많은 소비자들이 보험의 원금보장 때문에 분노하는 것은 상품을 판매하는 설계사가 스스로 상품에 대해 혼동했거나 혹은 계약을 위해 가입자를 오인하게 만든 것이 가장 큰 이유일 것이다. 예를 들어 불과 1~2년 전까지만 해도 '무해지종신보험'이라는 상품이 불티나게 팔렸다. 무·저해지환급금 보험상품은 중간에 해지하지 않고 납입기간까지 보험료를 다 내면 상대적으로 저렴한 보험료로 기본형상품과 동일한 보장을 받을 수 있다는 것이 특징이다. 보험사 입장에서는 보험료가 싸다는 점을 내세워 팔기 쉽고, 가입자는 중간에 해지만 하지 않으면 보험료를 덜 내고도 기본형과 같은 진단금이나 사망보장금을 받을 수 있어 유리하다.

다만 이 상품은 만기를 채워 수익을 내는 저축성상품이 아니었다. 그럼에도 불구하고 일부 설계사들은 이 상품의 10년 시점 환급률이 115%, 20년 시점 환급률은 135%로 소개하며 "은행의 3% 정기적금보다 유리하다"라고 판매했다. 이로 인해 상당수의 가입자들이 스스로 종신보험에 들었다는 사실을 제대로 모르고 사망보장금 대신 나중에 환급금을 얼마나 돌려받을 수 있는지 묻는 일이 벌어졌다. 원금보장은 물론 이자를 받는 상품으로 생각한 것이다. 사망보장금 대신 환급금을 강조하면서 재테크상품으로 변질된 탓이다. 결국 이 상품은 많은 장점에도 불구하고 소비자 보호를 이유로 시장에서 퇴출됐다.

연금전환 기능이 있는 종신보험도 마찬가지다. 평균수명이 길어지면서 종신보험에 대한 수요가 줄어들자 일부 설계사들은 이 상품의 노후소득 보장을 강조해 마치 연금인 것처럼 판매했다. 하지만 일반연금과 종신보험의 연금전환 기능은 다르다. 예를 들어 사망보험금이 1억 원인 종신보험에 연금전환 기능이 있다면 사망하지 않을 경우 1억 원을 연금으로 주는 것이 아니라 해약환급금을 일시금이 아닌 연금으로 나눠서 지급한다는 얘기다. 해약환급금은 일부 구간을 제외하고 통상 사망보험금보다 적기 때문에 수령액은 일반 연금보험보다 적고 중도에 해지할 경우 환급금은 더 낮아진다.

지금은 원금보장이 되지 않는다는 점이 널리 알려졌지만 변액보험이 등장한 초창기에도 비슷했다. 변액보험은 계약자가 낸 보험료 가운데 일부를 주식이나 채권 등에 투자한 후 운용실적에 따라 성과를 나눠 주는 실적배당형상품이다. 일정한 공시이율로 이자가 붙는 공시이율형이나 금리확정형보험과는 적립금 운용 방식이 다르다. 금융환경에 따라 채권형, 주식형, 혼합형 등 각 펀드별 비중을 조절해야 수익률이 높아지는데, 설계사가 처음에 정해 놓은 대로 유지하다 원금에 한참 못 미치는 환급금을 받고 민원을 제기하는 경우가 많았다. 특히 판매 당시에 납입기간만 채우면 원금보장이 되는 것처럼 판 것이 문제가 됐다. '주식시장이 호황인데다 채권 등 안정자산에도 투자해 굴려주는데 당연히 적금보다 낫지 않겠느냐'라는 논리였지만 보험은 장기상품이고 주식시장의 변동성은 누구도 예측하기 어렵다. 때문에 적립금이 낸 보험료에 한참 미치지 못하는 가입자가 속출한 것이다.

상품에 대한 충분한 설명이 되지 않은 상태에서 설계사들이 원금보장이나 연금, 수익률 같은 내용을 강조하다 보면 소비자들은 보험을 마치 원금보장이 되는 상품으로 오인하기 쉽다. 흔히 말하는 '불완전판매'다. 당장 판매하기에는 쉬운 방법일지 몰라도 결국 상품에 대한 잘못된 인식을 만들어 각종 민원으로 이

어질 수밖에 없다. 보험사에 대한 신뢰도를 떨어뜨리고 보험기사에 달리는 수많은 '악플러'들을 양산하는 일이기도 하다. '완전판매'가 꼭 필요한 이유다.

보험은 원금보장이 되지 않는 대신 다른 장점이 많다. 예·적금은 원금에 더해 약속한 이자 밖에 지급받지 못한다. 그마저도 초저금리시대이다 보니 미미하다. 하지만 보험은 가입자의 필요에 맞게 다양한 위험을 보장하고 예기치 못한 사건사고가 닥쳤을 때 목돈으로 보험금을 지급한다. 흔히 말하듯 차라리 적금에 드는 것이 나았다면 보험산업이 지금처럼 성장하고, 다양한 상품이 나오진 못했을 것이다.

상품별로 충분히 장점이 많은데도 굳이 있지도 않은 원금보장을 약속하며 신뢰를 깰 필요는 없다. 보험은 원금보장을 해주지 않기 때문에 위험해서 가입하기 싫다고 한다면, 원금을 보장하지 않는 대신 추가된 어떤 다른 기능들이 있는지 설명하면 된다. 원금을 보장하는 예·적금은 안전하다. 하지만 거액의 진단비나 사망보험금이 없다. 특약을 통해 세세하게 맞춤형으로 위험에 대비하지도 못한다. 그럼에도 불구하고 은행상품과 비교하며 원금보장을 요구하거나 더 높은 수익률을 원하는 소비자를 만났다면, "보험도 다 된다"라고 말할 것이 아니라 해당 소비자의 행복을 진심으로 바라면서 은행으로 보내줘야 한다. '약은 약사에게, 진료는 의사에게'처럼 '원금보장은 은행이, 위험보장은 보험이' 하는 일이다. 각자의 역할은 태생부터 엄연하게 다르다.

#원금보장은은행이위험보장은보험이

우리가 설계사를 피하는 이유

기자들은 기본적으로 민원전화를 많이 받는 편이다. 그런데 보험 출입기자가 되고 나서는 다른 분야 때와는 좀 달라서 처음엔 갸우뚱했다. 다른 출입처의 경우 민원의 목적이 기자의 인맥을 활용해서 뭔가 정보를 확인하거나 사람을 소개해 달라는 것이 대부분이다. 그런데 보험은 십중팔구의 확률로 내가 '일일 설계사'가 돼주길 원한다. 제일 많이 받는 전화는 아무래도 의무보험인 자동차보험 문의이다. 이 밖에도 치아보험, 치매보험, 종신보험 등등 수요도 다양하다. 어떤 보험상품이 좋은 지로 시작해 보험료는 어디가 싼지, 특약을 뭘 가입하는 게 좋은지 꼬

치꼬치 물어보는 사람들이 많다.

한 가지 재미있는 점은 보험에 대해 궁금한 게 그렇게 많던 사람들이 막상 '그럼 차라리 보험회사를 통해서 잘하는 설계사를 소개해 주면 어떻겠느냐'라고 하면 다들 손사래를 친다는 것이다. 나는 보험 전반에 대해 취재하는 사람이고, 개별 상품은 설계사들이 더 잘 아니까 좋은 회사의 잘하는 사람에게 상담을 받는 게 좋겠다고 말하면 열에 아홉은 거절한다. 보통 나에게 전화를 거는 이유는 사람을 소개받기 위해서가 많은데, 연결을 시켜준다고 해도 한사코 거부하는 것이다. 사람들은 대체로 자신이 잘 모르는 분야의 전문가와 알고 지내는 것을 좋아한다. 그런데 유독 보험에 대해서는 설계사가 전문가임에도 불편하게 느끼는 이유는 뭘까.

지난 6년 동안 비자발적으로 '준 설계사' 생활을 해본 결과 가장 큰 이유는 보험가입에 대한 부담감 때문이다. 설계사를 만나고 나면 꼭 보험에 가입해야 할 것만 같다는 것이다. 나의 지인들도 하나같이 "설계사 소개받으면 그 사람한테 가입해야 하잖아(그러니까 네가 설명해)"라며 부담스러워했다. 보험은 기본적으로 설계사들이 고객에게 상품을 설명하고 밀어 넣는 방식이라 '푸시(push)산업'으로 불린다. 고객이 제 발로 오지 않는다는 의미다. 보험은 발생하지 않은 미래에 대비한 상품이라 실제로 사고나 질병이 생기기 전까지는 선제적으로 가입할 필요성을 느끼기 어렵다. 이 때문에 소비자들이 적극적으로 찾는 게 아니라 보험사가 소비자를 찾아다닌다. 소비자가 좋은 상품정보에 목마르기보다는 보험사가 좋은 상품이 있다며 알리는 데 목맬 수밖에 없다.

소비자 입장에서는 가입하자마자 당장 이득이 생기는 것도 아니고 언제 쓰일지 알 수도 없는데 선뜻 가입하기가 쉽지 않다. 만약 보험이 매장에서 파는 물건이라면 직접 가서 구경만 하고 다음에 온다고 하면 간단한 일이겠지만 설계사를 만나는 것은 얘기가 다르다. 막상 시간을 내서 만났는데 내가 궁금한 것만 묻고 가입은 다른 데서 하겠다든가, 나중에 가입하겠다는 말을 하기가 쉽지 않다. '이참에 전문설계사 한 명 알아두면 좋지'라는 생각보다는 '언젠가 하나 들어줘야 한다'라는 부담이 크기 때문에 '언제든 궁금한 것을 묻고 상담해야겠다'라고 생각하기 어렵다. 설계사를 전문가로 생각하기보다는 영업직으로 생각하는 경우도 많다.

설계사 입장에서도 닥치지 않은 위험을 대비하는 일의 중요성에 대해서 환기하고 내 상품에 가입하라고 하는 일은 어려울 수밖에 없다. 들어두면 좋은 상품이 분명하더라도 당장 쓰임새가 있지 않기 때문에 마음을 동하게 하는 게 녹록지 않다. 진심으로 설명해도 그저 '팔아먹으려는 수작'으로 보는 곱지 않은 시선들도 있다. 그렇다 보니 초기에는 이른바 '지인영업'에 의존하는 경우가 많다. 모르는 사람을 찾아가 상품을 알리는 게 어려우니 지인들을 찾아다니며 '보험영업을 시작하게 됐으니 하나 들어 달라'라고 하는 식이다.

본인이 직접 아는 설계사가 아니더라도 가족을 통해 이런 식으로 보험에 가입하게 된 경험이 한번쯤은 있을 것이다. 나 역시 마찬가지다. 입사하자마자 한 일이 어머니의 지인들을 통해 각종 보험에 가입한 일이다. 어떻게들 아셨는지 월급 타고 첫 적금을 들기도 전에 보험에 먼저 가입했던 것으로 기억한다. 거의 '묻지 마 가입' 식이라 어머니가 하라는 대로 한참 보험료를 내다 나중에 확인해 보니 당시 20대에 부양가족도 없는 미혼여성에게 종신보험을 가입하게 한 것을 보고 뒤늦게 억울한 생각이 들기도 했다. 심지어 문제의 종신보험을 권한 어머니의 지인은 이미 오래 전에 설계사 일을 그만두고 연락이 끊겼고, 나는 설상가상으로 '고아고객'이 돼 버렸다. 그 후로 10년이 넘는 동안 설계사가 4~5번 정도 더 바뀌었고, 지금은 담당 설계사가 누구인지 연락처도 모르는 상태다.

나 같은 '고아고객'은 그래도 계약을 유지하고 있기 때문에 나은 처지다. 멀쩡히 보험료 잘 내고 있던 계약을 더 좋은 상품이 있다고 꼬여 다른 상품으로 갈아타게 해서 나중에 설계사와 인연을 끊은 사람들도 많이 봤다. 분명히 지금 상품보다 더 좋다고 해서 갈아탔더니 그동안 낸 돈에 비하면 말도 안 되는 '쥐꼬리' 해지환급금에, 보험료도 더 비싸져서 그야말로 '당했다'라고 생각할 수밖에 없는 경우들이다. 보험업계에서도 최근 수수료수입을 위해 잦은 승환계약 등을 유도하는 설계사에 대해 경각심을 가지고 대응하는 추세다. (승환계약은 설계사가 다른 회사로 옮기면서 자신이 관리하고 있던 기존 고객의 계약을 해약한 뒤, 새로운 회사의 보험계약으로 다시 가입시키는 것을 말한다.) 설계사 본인의 '얄팍한' 인간관계가 끊기는 일이기도 하지만 보험사 입장에서는 신뢰도가 떨어지는 일이기 때문이다.

우리가 설계사를 피하게 되는 또 다른 이유는 전반적으로 설계사의 전문성에 대한 소비자의 인식이 낮기 때문이다. 보험은 회사도 많고, 상품의 종류도 다양한 데다 약관도 길고 복잡하다. 주로 쓰는 용어도 낯설다. 금융권에서 판매하는 상품 중에서 상당히 어려운 상품임에도 불구하고 설계사의 진입 문턱이 상대적으로 낮다. 때문에 상품에 대해 '적당히 알고 대충 판다'라고 생각하는 사람들이 많다. 각 보험사마다 설계사를 부르는 명칭이 다른데, 주로 컨설턴트라고 부른다. 컨설턴트라는 말 자체에는 특정 분야의 전문가라는 의미가 담겨있다. 고객의 재무상태를 파악하고 생애주기에 맞게 꼭 필요한 보험을 합리적인 선에서 설계해 주고 필요할 때 보험금을 제대로 받을 수 있도록 도움을 주는 것이 컨설턴트의 주요업무다. 하지만 현실에선 상품에 대한 충분한 이해 없이 수수료 많이 주는 상품을 판매하는 것으로 오인하는 경우가 많다. 그렇지 않은 설계사가 더 많지만 냉정하게 말하자면, 여전히 외부의 시선은 그렇다.

결국 설계사를 피하고 싶은 존재가 아니라 친근하게 느끼게 하기 위해서는 보험 종사자에 대한 인식을 한 단계 높이려는 노력이 필요하다. 단지 '보험을 파는 데만 혈안이 돼 믿지 못할 말을 하는 사람들'이 아니라 '알아두면 좋은 보험전문가'라는 인식 말이다. 그러기 위해서는 상품의 장점 못지않게 단점도 알아야 한다. 단지 수수료 때문만이 아니라 고객을 위해서 유지율을 높이기 위한 노력을 기울여야 한다. '들어주는' 게 아니라 '들고 싶은' 보험은 전적으로 설계사의 전문성과 신뢰에 달려있다고 해도 과언이 아니다.

#들어주는보험이아닌들고싶은보험

보험은 가입하면 무조건 손해?

요즘은 어딜 가든 주식과 비트코인 등 가상화폐 얘기를 빼면 대화가 안 될 정도로 그야말로 열풍이다. 누구는 500만 원으로 2억 원을 만들었다거나, 2억 원으로 400억 원을 벌었다는 등 너도나도 쉽게 돈을 벌었다는 무용담이 파다하다. 그런데 희한하게 돈을 잃고 패가망신했다는 얘기는 상대적으로 잘 안 들린다. 다들 잘 나간다는 호황기에 돈을 번 것은 자랑하고 싶지만 잃은 것은 숨기고 싶은 심리가 반영된 탓일 것이다. 반면 보험은 어딜 가든 보험금을 제대로 못 받았다고 분통을 터뜨리는 사람은 많은데, 보험금 덕에 유용했다고 말하는 사람은 별로 없다. 잘

돼봤자 주식이나 코인처럼 일확천금의 기회를 얻는 것도 아닌데, 덕을 봤다는 사람도 없는 것을 보면 '보험은 정말 가입하면 무조건 손해인가'라는 생각이 들 정도다. 진짜 그럴까.

국민 상당수가 '보험회사들은 보험금을 청구해도 잘 주지 않고, 보험은 들어봤자 손해'라고 인식하고 있다. 그러나 실제로는 청구하는 보험금의 거의 대부분이 신속하게 지급되고 있다. 2018년 생명보험업계 기준 총 899만 3,000건의 생명보험금이 청구됐다. 이 중 94%에 해당하는 845만 건이 보험사의 조사 없이 영업일 기준 3일 내에 바로 지급됐다. 조사가 필요해서 시간이 좀 더 소요된 40만 8,000건을 포함해서 총 885만 8,000건이 10일 내에 지급됐다. 예상외로 가입자의 대부분이 신속한 보험 혜택을 보고 있는 것이다. 그야말로 반전인 셈이다.

그럼에도 불구하고 보험사들이 보험금을 제대로 지급하지 않는다고 지탄받는 이유는 민원이 분쟁으로 비화하는 일이 많아서다. 민원단계에서 조용히 합의하고 끝나는 것이 아니라 양측의 첨예한 대립 끝에 분쟁으로 번지는 일이 많다 보니 전체 비중에 비해 크게 부각되곤 한다. 2018년 보험금지급과 관련한 민원은 총 7,000건으로 전체의 0.08%에 불과했다. 실제로 각종 보험금지급과 관련한 분쟁기사를 많이 다뤄왔는데, 0.1%도 채 되지 않는다는 결과는 다소 의외였다.

일부 보험상품은 심지어 보험에 가입한 날 바로 사고가 나더라도 보장해 준다. 김민준 씨(가명)는 일상 속의 위험을 보장해주는 보험 하나는 꼭 들어야 한다는 설계사 친구의 권유로 CI(중대질병)보험에 가입했다. 김 씨는 공교롭게도 보험계약 후 집으로 돌아오던 길에 계단에서 발을 헛디뎌 굴러 넘어졌고, 골절상을 입었다. 병원에 가서 치료를 마친 후 병원비를 지급하려던 김 씨는 이날 가입한 보험이 생각났다. 마치 로또라도 맞은 듯이 '보험에 가입하길 정말 잘했다'라고 생각하며 안도감을 느낀 것도 잠시, 사고당일 보험에 가입했는데 바로 병원비가 보험처리될까 싶은 걱정이 들었다.

하지만 김 씨처럼 보험에 가입하자마자 사고가 났더라도 가입할 때 1회 보험료를 납부했다면 치료비를 보장받을 수 있다. 보험은 1회 보험료를 납부한 시점부터 보장받기 때문에 청약 후 1회 보험료를 냈다면, 가입당일부터 곧바로 효력이 발생한다. 설령 보험계약을 하면서 보험증권을 받지 못했다 해도 초회 보험료를 냈다면 보장받을 수 있다.

다만 암보험은 좀 다르다. 암보험은 계약한 후 90일 이내에

암진단 시 보험금을 받을 수 없다는 '90일 면책기능'이 있어서 당일 가입하고 곧바로 암진단을 받았다면 보험료를 냈더라도 보험금을 받을 수 없다. 암 같은 중대질병은 보험가입 전 가입자가 느낄 만한 전조증상이 있었을 가능성이 높기 때문에 보험금을 노리고 가입하는 이른바 '역선택'이 있을 수 있어서다.

이 때문에 암보험은 미리 대비해야 한다. 본인의 건강을 과신하면서 필요 없다고 무시하다가 막상 일이 벌어지고 난 후 인생이 바뀌기도 한다. 이지석 씨(가명)가 그랬다. 이 씨는 집안에 암으로 투병한 사람도 없고 평소에 술, 담배를 멀리하는 것은 물론 운동도 열심히 했다. 건강만큼은 자신 있었다. 같은 고향에서 나고 자란 친구인 보험설계사가 자신을 찾아와 밥을 먹던 중 안색이 어둡다며 걱정을 하기에 보험영업을 하는 거라고만 생각했다. 오랜만에 찾아온 친구에게 "보험 얘기 꺼낼 거면 앞으로 만나지 말자"라고 냉정히 말한 이 씨는 그 일이 못내 걸려 결국 며칠 후 암보험에 가입했다. 대신 이걸로 친구 사이에 할 도리는 다 해준 거라고 생각하며 거리를 둬야겠다고 마음먹었다.

하지만 그로부터 5달 뒤 이 씨는 위암판정을 받았다. 암진단을 받은 이 씨는 보험료를 낼 때마다 못마땅하게 생각했던 보험설계사 친구가 가장 먼저 생각났다. 투병 끝에 완쾌한 이 씨는 친구의 권유로 현재 한 보험사의 설계사로 일한다. 보험이 필요 없다던 그는 지금 '보험 전도사'가 됐다. 설계사가 되고 나서 이 씨는 자신의 가족과 친지의 보험증권부터 살펴봤다. 세상사가 뭐든 아는 만큼 보이는 법이라고, 한 차례 병마와 싸워보니 어떤 보장이 턱없이 부족한지 훤히 보여 깜짝 놀랐다. 이 씨는 보험이라면 무조건 질색하고 싫어했던 자신의 경험을 되짚어 보면서 반성하는 마음으로 고객을 만난다고 한다. 잘 모르면서 무조건 '들면 손해'라는 사람들에게 보험의 필요성과 중요성을 알려주는 일이 사명감이 됐다.

물론 보험에 가입해서 손해를 보는 일이 전혀 없는 건 아니다. 중도해지하는 경우에는 손해가 막심하다. 보험은 기본적으로 만기까지 유지하는 것이 유리한 금융상품이다. 중간에 해지할 경우 환급금이 그동안 낸 보험료보다 적기 때문에 금전적으로 손해를 본다.

실손의료보험(이하 실손보험)이나 펫보험(동물보험)처럼 비례보상이 원칙인 상품에 중복가입하는 것도 매월 나가는 보험료를 생각하면 손해일 수 있다. 비례보상이 원칙인 상품은 가입자가 여러 개 보험에 가입했더라도 실제 부담한 의료비를 넘는 보험금은 받을 수 없다. 예를 들어 2개의 실손보험에 가입한 사람이 다쳐서 진료비가 10만 원이 나왔다면 2개 병원에서 각각 10만 원을 주는 것이 아니라 5만 원씩 부담해 10만 원을 주게 된다.

다만 이런 경우에도 전체 보상한도를 늘리기 위해 비례보상의 원칙을 알면서도 중복가입을 하는 경우도 있다. 또 개인실손보험과 단체실손보험이 중복된 경우에도 이직이나 퇴직 후에 개인실손보험에 가입할 때 가입이 거절되는 경우에 대비해 개인실손보험을 해지하지 않는 가입자들도 있다. 암을 비롯해 뇌출혈, 급성심근경색 등의 중대한 질병으로 진단받을 경우 실손보험 가입이 거절될 수 있고, 완치되더라도 일정 기간 이내에는 가입이 쉽지 않아서다. 특히 최근에는 실손보험의 손해율(받은 보험료 대비 지급한 보험금 비율)이 높아져 보험사들이 가입 시 인수심사를 깐깐하게 하는 추세이다. 보험금을 자주 청구했거나 병력이 있을 경우 가입이 거절될 가능성이 높다는 점에 유의해야 한다.

#모르고가입해서중간에해지하면손해

좋은 보험회사를 고르는 법

우리나라에 보험사가 참 많다는 건 알고 있었지만 보험 출입 기자로 6년간 보험회사 사람들을 만나면서도 정확히 몇 개나 되는지 잘 모르고 있었다. 이번에 찾아보니 2021년 5월 기준 국내에는 금융감독원 등록기준으로 24개 생명보험사와 29개 손해보험사, 총 53개사가 영업 중이다.

나열해 보자면 한화생명, 삼성생명, 교보생명, NH농협생명, 흥국생명, 푸본현대생명, 신한생명, DGB생명, KDB생명, 미래에셋생명, KB생명, DB생명, 동양생명, 하나생명, IBK연금보험,

ABL생명, 메트라이프생명, 처브라이프생명, 푸르덴셜생명, 오렌지라이프생명, 라이나생명, AIA생명, BNP파리바카디프생명, 교보라이프플래닛생명, 메리츠화재, 한화손해보험, 롯데손해보험, MG손해보험, 흥국화재, 삼성화재, 현대해상, KB손해보험, DB손해보험, NH농협손해보험, SGI서울보증, 코리안리, 하나손해보험, 악사손해보험, BNP파리바카디프손해보험, AIG손해보험, 에이스손해보험, 제너럴리, 스위스리, 뮌헨리, 퍼스트, 미쓰이, 동경해상, 스코리, RGA, 하노버리, 퍼시픽라이프리, 아시아캐피탈리, 알리안츠글로벌 등이다.

좋은 회사를 구분하는 기준은 여러 가지겠지만 크게 ▲수익성 ▲재무건전성 ▲소비자 보호 측면을 살펴봐야 한다. 우선 보험사도 기본적으로 기업이기 때문에 수익성이 탄탄한 회사인지 알아보는 것은 중요하다. 자산규모가 크다고 해서 꼭 수익성이 양호한 것은 아니기 때문이다. 보험사의 수익구조는 크게 본업인 보험영업과 자산운용으로 나뉜다. 대부분의 보험사들은 본업인 보험상품을 팔아 거둔 보험영업에서 손실을 본 지 오래됐다. 받은 보험료보다 지급한 보험금이 더 많아졌다는 의미다. 실손보험, 자동차보험 등 많은 상품들이 매년 적자만 수조 원 대라 팔수록 손해다. 인구가 줄어들고 있는 데다 시장 자체도 이미 포화돼 새로 보험에 가입할 사람이 별로 없다는 점도 문제다. 국내 보험가입률은 20대 이상 성인 기준으로 2018년 기준 가구당 98.4%이고, 개인은 96.7%에 달한다. 이미 1인당 보험 2~3건은 가입한 상태이다 보니 신규계약을 이끌어내기가 쉽지 않다.

이 때문에 보험사들은 주로 자산운용에서 수익을 내 손실을 만회하고 있다. 자산운용을 잘하는 회사가 수익성이 좋을 수밖에 없는데, 자산운용은 금리영향을 많이 받는다. 특히 생명보험사가 금리에 더 민감하다. 통상 금리가 떨어지면 자산운용 수익률도 하락할 수밖에 없다. 보험사는 자산운용의 안정성을 위해 장기채권투자에 집중해왔다. 금리가 하락하면 채권이자 수익이 줄어들기 때문에 자산운용 수익률도 낮아질 수밖에 없는 것이다. 생보업계 자산운용 수익률은 2010년만 해도 5.9%에 달했으나 2015년 4.0%로 떨어졌고, 2019년 11월 기준 3.5%대까지 내려왔다. 특히 금리가 떨어지면 보험사의 역마진이 커진다. 즉 자산운용 수익률과 고객에게 나중에 돌려주기로 한 이자율과의 격차가 벌어져 이를 만회하기 위한 손해가 생긴다는 얘기다. 보험사의 수익에는 악영향을 준다.

반대로 금리가 올라가면 수익률도 좋아진다. 금리가 오른다는 뉴스가 나오면 보험사의 주가가 오르는 이유다. 2020년 생명보험사들은 금리인상 효과로 코로나19(COVID-19) 사태에도 불구하고 대체로 양호한 실적을 거뒀다. 손해보험사들은 실손보험과 자동차보험 비중이 높아 이 상품들과 관련한 제도개선에 상당히 민감하다. 통상 규제가 강화하면 이익이 줄고 자동차배상책임법(자배법) 등을 통해 일부 제도를 개선해 주면 실적이 좋아진다. 실손보험과 자동차보험은 국민들이 많이 가입해 공보험에 준한다고 보기 때문에 보험료를 보험사 마음대로 올리지 못한다. 국민 생활에 미치는 영향이 커서다. 이렇다 보니 보험료를 얼마만큼 올릴 수 있는지에 따른 영향도 많이 받는다.

또 보험사의 실적 중 신계약가치를 살펴보면 미래수익성을 어느 정도 가늠할 수 있다. 신계약가치는 장래 이익흐름을 가늠하는 지표이기 때문이다. 순익이 급격히 늘지 않더라도 신계약가치가 증가세를 보이고 있다면 장기적으로 양호한 수익을 달성할 것으로 예상할 수 있다.

재무건전성도 살펴봐야 한다. 단순하게 말하면 회사가 나중에 고객에게 보험금을 돌려주는 데 문제가 없을 만큼 충분한 자본을 쌓아놨는지를 봐야 한다는 것이다. 보험사의 재무건전성을 가늠하는 지표는 RBC(보험금지급여력)비율이다. RBC비율이 100%라는 것은 보험금을 지급하고도 100%의 자본여력이 있다는 의미다. 보험업법은 RBC비율을 최소 100% 이상 유지하도록 규정하고 있다. 금융당국은 오랫동안 150% 이상을 권고해왔다. 추후 가입자에게 보험금을 돌려주지 못하는 사태를 막기 위해 당국이 적극 개입해 관리하고, 부족하면 자본확충을 하도록 권고한다. 2020년 말 기준 150% 미만인 회사는 MG손해보험이 유일하다. 다만 그렇다고 해서 꼭 RBC비율이 높은 순서로 좋은 회사라고도 보기 어렵다. RBC비율이 너무 높다는 것은 곧 자본을 너무 많이 쌓아놓았다는 뜻이기 때문이다. 통상 업계에서는 RBC비율 200~300%를 적정한 수준으로 본다. 오는 2023년부터는 새 국제회계기준(IFRS17)이 도입될 예정이라 RBC비율은 신지급여력제도(K-ICS, 킥스)로 바뀔 예정이다.

마지막은 소비자 보호다. 국내 보험사들은 그동안 소비자 보호에 소홀하다는 평을 받아왔다. 금융감독원에 접수된 민원의 절반 이상이 보험 관련 민원이라 '민원왕'이라는 불명예도 꼬리표처럼 따라다닌다. 하지만 보험은 상품특성상 소비자와의 관계를 떼려야 뗄 수 없다. 소비자의 평판이 상당히 중요하기 때문이다. 어떤 보험사가 소비자 보호를 잘하는지 보려면 금융감독원이 운영하는 금융소비자정보 포털 '파인'이나 생명보험협회, 손해보험협회 공시실 등을 통해서 금융소비자 보호 실태평가 등을 참고해 볼 수 있다.

금감원은 매년 보험사를 포함한 전 금융사의 소비자 보호 수준을 종합적으로 평가하기 위해 '소비자 보호실태평가'를 실시한다. 세부 평가기준은 ▲민원발생건수 ▲민원처리 노력(금감원에 접수된 민원 평균 처리기간, 금융회사에 자율조정처리 의뢰된 민원건 중 조정성립 민원건수 비율) ▲소송 관련(소송건 중 패소율 및 분쟁조정 중 금융회사의 소송제기건수) ▲지속가능성(금융회사의 재무건전성지표) ▲금융사고(금감원에 보고된 금융사고 건수와 금액) 등 5가지 계량항목을 살펴본다.

여기에 더해 ▲소비자 보호 지배구조 ▲상품개발과정의 소비자 보호 체계구축 및 운영 ▲상품판매과정의 소비자 보호 체계구축 및 운영 ▲소비자 보호 정책참여 및 민원시스템 운영▲소비자정보 공시 등 비계량항목까지 평가해 5단계(우수-양호-보통-미흡-취약)로 등급을 매긴다. 개별항목마다 평가등급이 표시돼 각 보험사가 어느 부문에 취약한지 알 수 있고, 종합등급도 확인할 수 있다.

이 밖에도 생명·손해보험협회 홈페이지 내 공시실을 통해 ▲보험금부지급률 및 보험금불만족도 ▲불완전판매비율 ▲청약철회비율 등을 볼 수 있으며, 이를 통해 각 보험사가 소비자 보호에 얼마나 신경을 쓰는지 가늠해 볼 수 있다.

#진짜좋은보험회사의기준은

AI가 보험을 판다는데, 설계사는 없어지나요?

요즘 전체 금융업계의 화두가 디지털이다 보니 보험업계의 최대 관심사도 단연 디지털 전환(Digital Transformation)이다. 연초 보험회사 대표들의 신년사에 빠지지 않고 디지털이 들어갔고, 그동안 상대적으로 소홀하던 디지털전담조직을 새로 만들거나 확대개편한 보험사도 많다. 보험사는 전통적으로 설계사 조직을 중심으로 한 대면 채널이 영업의 핵심이었다. 몇 년 전부터 앞다퉈 온라인 기반의 '다이렉트 채널'을 활성화하고 있지만, 아직까진 가입단계부터 보험금지급까지 설계사의 영향력이 크다. 보험상품 자체가 '복잡하고 어렵다'라는 인식이 많다 보니 설계사의 역할을 대체할 수 없다고 생각했고, 대체할 필요도 크게 느끼지 못했다. 당연히 그만큼 디지털에 대한 의존도가 다른 업종에 비해 높지 않았다.

이 때문에 불과 몇 년 전만 해도 보험업계에서 인슈어테크(보험+기술)라고 하면 고객상담 등의 단순업무에 인공지능(AI) 기반의 '챗봇'을 활용하는 정도로 인식됐다. 콜센터에서 단순한 상담 정도 하는 일 말이다. '로봇설계사'가 등장해 기존 설계사들을 대체하는 것 아니냐는 이야기가 나오기도 했지만, 먼 미래의 일처럼 여겨졌다.

하지만 코로나19가 많은 것을 바꿔 놨다. 사회적 거리두기와 '언택트'(비대면)가 일상화하면서 보수적인 보험사들도 더 이상 디지털 전환을 구호로만 외칠 수 없게 됐다. 일단 예전처럼 사람을 자주 만날 수 없다 보니 비대면 영업환경이 빠르게 자리 잡았고, 보험업계에서도 디지털에서 우위를 점하는 것은 막강한 경쟁력이 됐기 때문이다. 가입자들이 일상 속에서 '설계사가 없으면 불편하다'라고 느꼈던 부분을 중심으로 편리성을 강화하고 디지털 전환에 성공하는 것이 보험사들의 주요목표가 됐다.

보험사들은 과거에 챗봇을 활용한 단순한 고객상담에 그쳤던

데서 지금은 디지털을 가지고 별의별 걸 다 한다. 언더라이팅(인수심사), 완전판매 모니터링, 보험금지급까지 보험계약 전 과정에 AI 기술을 폭넓게 적용한다. 심지어 AI로 보험사기까지 잡는다. 각사가 보유한 빅데이터로 보험사기 혐의자들 간의 관계를 분석하고 자동으로 혐의조직을 추출하는 방식이다. 과연 효과가 있을까 싶었는데, 시스템을 적용한 회사들은 역할이 상당하다고 입을 모은다. 빅데이터를 통해 우량고객을 찾아내서 보험가입한도를 다른 고객보다 늘려주기도 한다. 일종의 혜택을 주는 셈이다. 머지않아 AI를 활용한 로봇설계사도 등장할 것으로 보인다. 실제로 DB손해보험은 2021년 내에 'AI로봇텔러'를 통해 암, 운전자보험 등을 24시간 계약체결할 수 있는 서비스를 제공할 계획이다.

이렇게 단시간 내에 보험사들이 '디지털 DNA'를 강화하면서 그동안 보험영업의 핵심이자 '보험의 꽃'으로 불려온 설계사들이 설자리를 잃는 것 아니냐는 우려도 나온다. 하지만 이 같은 전망은 아직까지 기우로 보인다. 지금으로부터 10여 년 전 국내 보험사들이 온라인 중심의 다이렉트 채널을 강화하기 시작했을 때도 비슷한 걱정이 제기됐다. 온라인 채널의 비중이 높아지면 설계사 채널에 치명적인 위협이 되고, 다수의 설계사들이 일자리를 잃게 될 것이라 우려했다. 온라인 채널이 설계사 채널의 경쟁자가 돼 '파이'가 줄어들 것이란 걱정이었다. 세월이 흘러 지금에 와서 돌아보면 과거에 나온 두 가지 예측 중에 하나는 맞고, 하나는 틀렸다. 다이렉트 채널은 지난 10여 년간 예상대로 비약적으로 성장했다. 비중이 높아지면서 자동차보험이나 운전자보험, 해외여행보험과 같은 일반 보험상품은 온라인 채널을 통해 가입하는 것이 대세가 됐다. 하지만 그 사이 설계사는 대형GA(법인대리점)의 성장과 맞물려 예상과 달리 줄어들기는커녕 오히려 늘었다. 현재 국내에서 활동 중인 설계사는 약 40만 명이 넘는다. 파이를 뺏긴 것이 아니라 오히려 온라인 채널을 통해 파이가 커지는 효과를 본 것이다.

새로운 기술이 도입되고 역할이 확대되는 과도기에는 늘 전통적인 인프라가 쇠락하는 것 아니냐는 우려가 나온다. 비단 설계사만의 이야기가 아니다. 나의 직업인 기자도 마찬가지다. 로봇이 기사를 쓰는 시대가 올 것이라는 얘기는 10년도 더 전부터 나왔고, 실제로 일부 신문사는 '로봇기자'에게 증권공시나 날씨 등의 간단한 기사를 쓰게 하는 테스트를 하기도 했다. 지금도 하고 있는 회사가 있을 것이다. 당시 신문기자들 사이에서는 글을 쓰는 '펜기자'는 로봇이 대신해도 방송기자는 출연을 해야 하니 대신할 수 없지 않겠느냐며 방송기자로 전직하자는 농담이 나올 정도였다. 하지만 언론사의 이런 실험들은 업무효율화 차원에서 기자를 기계로 대체하기 위해 이뤄지는 것은 아니었다. 로봇이 입력된 데이터를 가지고 형식이 고정된 기사에 끼워 넣는 식으로 단순한 기사를 대신 쓸 순 있지만 취재원을 만나 취재를 하는 일까지 할 순 없어서다. 짧고 단순한 기사만 있는 것이 아니니 말이다. 직접 현장을 찾아가 취재해야 하는 기사, 많은 사람들을 만나본 후 이야기를 종합해야 하는 기사, 분석기사 등등 종류가 다양하다. 기자마다 취재원이 다르고, 같은 취재원이라 할지라도 기자가 누구냐에 따라 나누는 이야기가 다르고, 기사화하는 내용과 방향이 다르다. 취재가 며칠에 걸쳐 이뤄지기도 하고, 여러 기자가 협업하기도 한다. 이렇게 사람과 사람 간의 취재는 '실존하는 기자'만이 할 수 있다.

보험영업도 마찬가지다. 아무리 디지털 전환에 대비해 상품을 단순화한다고 하더라도 10년, 20년에 걸쳐 매월 적지 않은 보험료를 꾸준히 내야 하는 상품에 가입할 때 로봇과 상담해서 결정하기란 쉽지 않다. 아무리 쌍방향 커뮤니케이션에 최적화한 로봇이라도 가입자의 불안이나 걱정까지 안심시켜줄 순 없다. 설령 로봇을 통해 가입까지는 어떻게 했더라도 계약을 유지하고 관리하는 데는 또 다른 노력이 필요하다. 고객이 새벽에 입원했다는 전화를 받고, 혹은 집에 불이 났다는 연락을 받고 달려나가 위로하고 보험금을 잘 받을 수 있도록 도와주는 것은

'실존하는 설계사'만이 할 수 있다.

그렇다고 해서 디지털전환이 의미 없는 일이라는 얘기는 아니다. AI, 로봇, 빅데이터 등의 발전은 인간을 단순노동에서 해방시켜 더 창의적인 일에 집중할 수 있게 해준다. 보험업계에서도 마찬가지다. 예를 들면 디지털ARS(자동응답시스템), 로봇프로세스자동화(RPA) 구축 등은 반복되는 단순업무를 해결해 업무효율을 높였다. 단순업무에 투입됐던 인력은 더 생산적인 업무에 투입됐다. AI설계사의 등장도 기존 설계사와 경쟁을 유도한다거나 대체하겠다는 의미가 아니다. AI설계사와 협업을 통해 업무를 보완하고 효율성을 높이는 측면으로 발전해 나갈 것이다.

#실존하는설계사만이할수있는일

연령대별 추천해도 욕먹지 않을 '치트키보험'은?

보험 출입기자가 되기 전까지는 나도 내가 남들의 보험가입 현황 같은 것이 궁금해지는 날이 올 줄은 몰랐다. 재산현황이나 연애사도 아니고 보험에 가입했는지가 대체 왜 궁금하단 말인가. 하지만 직업병이 무섭다고 보험을 담당하다 보니 취재원을 만나든 지인들을 만나든 보험은 가입했는지, 어떤 보험을 몇 개나 가지고 있는지가 새삼스럽게 궁금해져서 자주 묻곤 한다. 결론은 천차만별이다. 과거의 나처럼 지인영업에 따른 비자발적 가입상품 외에는 하나도 없는 무심한 사람도 있고, '저 정도면 나중에 안 아프면 억울하지 않을까' 싶을 만큼 깨알 같은 라인

업으로 미래준비에 만전을 기한 사람들도 있다.

아무래도 보험 담당 기자다 보니 '보험이 있네, 없네' 하는 대화의 말미에는 이 정도면 충분한지, 혹은 보험이 없는 사람이라면 어떤 보험에 가입하면 좋을지 추천해 달라는 질문을 많이 받는다. 보험업계에 종사하는 분이라면 더 자주 듣게 되는 말일 것이다. 보험이란 것이 같은 회사의 같은 상품으로만 똑같은 포트폴리오를 갖춘 사람들을 찾기 어려울 정도로 회사도, 상품도 다양하다 보니 어느 정도 상품을 얼마만큼 가입한 것이 잘했다고 평가하는 것은 쉽지 않다. 개인의 병력과 상품에 대한 니즈도 다 다르기 때문이다. 다만 보험업계 전문가들로부터 연령대별로 이 정도의 상품이라면 추천해도 욕먹지 않을 거라고 검증받은 상품들은 '치트키'가 될 수 있을 것 같다. '모범답안'의 일환으로 공유해본다.

★돈 벌기 시작한 '2030'은 실손보험·연금저축= 이제 막 경제력을 갖추기 시작한 20~30대는 실손보험을 추천하면 좋다. 실손보험은 아프거나 다쳐서 병원치료를 받을 때 실제 병원비를 보장해 준다. 건강할 때는 가입하기 쉽지만 병력이 있으면 가입이 제한될 수 있어서 젊을 때 가입하는 것이 좋다. 실손보험은 1년마다 보험료가 갱신되고 나이가 들수록 보험료는 인상된다.

2021년 7월에는 보험금청구를 많이 하면 보험금이 할증되고 반대로 안 하면 할인해 주는 '4세대 실손보험'이 출시됐다. 20~30대는 보험금청구가 상대적으로 적어 기존보다 저렴한 보험료로 가입할 수 있다.

저금리가 계속되고 있는 만큼 연금보험과 연금저축보험도 괜찮은 상품이다. 연금보험은 동일한 보험료를 내더라도 거치기간이 길어질수록 적립금이 불어나는 복리효과를 누릴 수 있다는 것이 장점이다. 매월 바뀌는 공시이율에 따라 적립금이 변동되는 금리연동형보험, 펀드 수익률에 따라 적립금이 변동되는 변액보험 등 종류가 많기 때문에 자신의 성향에 맞는 상품을 고르는 것이 중요하다. 만약 사회초년생이라면 세액공제가 가능한 연금저축보험에 가입하면 연말정산 시 도움이 된다. 단 연금보험을 가입할 때는 목돈이 지출될 수 있는 40대 중·후반을 대비해 중도인출이 가능한 상품을 가입하는 것이 유용한 '팁'이다.

★'3040', 종신보험 필수, 연금보험 확대전략= 경제활동이 활발한 30~40대는 종신보험가입을 고려할 나이다. 이 나이 대는 결혼과 출산 등이 이뤄지는 시기인데, 갑작스러운 큰 질병이나 사고를 당하면 가족의 생계가 어려워질 수 있기 때문이다. 이를 대비한 보장자산을 마련하는 것이 종신보험이다. 동일한 보

장이라도 한 살이라도 어릴 때 가입하면 보험료를 절약할 수 있다. 종신보험을 이미 가지고 있다면 새로운 상품을 가입하는 것보다 연금보험에 추가납입하는 것이 유리하다. 비용이 적게 들고 적립금을 확대하는 효과가 있기 때문이다.

★중장년층은 CI보험·간편심사보험 = 40~50대는 음주, 흡연, 스트레스 등으로 암이나 뇌혈관질환, 심혈관질환 등이 다발할 수 있는 연령인 만큼 CI(중대질병)보험을 관심 있게 볼 만하다. 중대한 질환발병 시 보험금의 최대 80%를 지급받는데, 이를 치료비나 간병비, 생활비 등으로 활용할 수 있다. 나중에 사망하면 나머지 20%를 유족을 위한 자금으로 남겨줄 수 있다. 상대적으로 보험료가 비싸기 때문에, 저렴한 보장을 원하면 암보험이나 건강보험 등에 가입하는 것도 방법이다.

50~60대에 마땅한 보험이 준비되지 않았다면 간편심사보험이나 실버대상보험이 적당하다. 이 연령대는 자녀도 성장하고 은퇴준비를 하는 시기라 사망보장에 대한 필요성은 다소 떨어진다. 만약 가입한 보험이 없는데 과거병력이 있다면 심사 없이 가입할 수 있는 간편심사보험이나 유병자·고령자 대상의 실버보험을 찾아보는 것이 좋다. 다만 보험료가 상대적으로 비싸다는 점은 감안해야 한다.

실손보험에 가입하지 않았는데, 여기저기 아픈 곳이 생겨 걱정이라면 노년층만 가입가능한 실손보험상품도 있다. 하지만 노후실손의료비는 일반실손보험과 동일한 보장이 아니고 소득도 줄어드는 시점이기 때문에 보험료 납입능력 등을 충분히 검토해야 한다.

#나이에맞는보험은따로있다

보험금 잘 받는 법

— 가족 편

"모르면 큰코다칩니다"

— 보험수익자지정

몇 년 전, 이혼한 뒤 양육비를 제대로 보내지 않는 등 부양의무를 이행하지 않은 부모라도 자녀의 재산을 상속할 권리가 있다는 헌법재판소의 판단이 나와 논란이 된 적이 있다. 상식적으로 생각하면 말도 안 되는 얘기 같지만, 법대로 따지자면 속수무책인 억울한 일이 되기도 한다.

이미영 씨(가명)는 결혼한 지 얼마 되지 않아 남편과 이혼한 후 홀로 딸을 키웠다. 남편의 경제적 지원 없이 아이를 혼자 키우는 것은 쉽지 않았다. 오로지 딸만 보면서 살아온 삶이었다. 그러던 중 이 씨의 딸이 교통사고로 사망하는 일이 발생했다. 딸을 잃은 충격으로 하늘이 무너진 것 같은 나날을 보내던 이 씨에게 또다시 기막힌 일이 벌어졌다. 30년간 딸을 양육하는 데 전혀 도움을 주지 않고 딸의 마지막 가는 길에조차 나타나지 않았던 전 남편이 딸의 사망보험금 중 일부인 2억 3,000만 원을 수령한 것이다. 이 씨의 딸은 생전 여러 개의 보험에 가입했는데, 수익자가 법정상속인으로 지정돼 있어 직계가족인 전 남편에게도 상속권이 갔기 때문이다.

그동안 전 남편으로부터 보험료는커녕 양육비 한번 제대로 받아보지 못한 이 씨는 억울한 마음에 전 남편의 상속이 부당하다며 소송을 제기했지만, 법원은 전 남편의 손을 들어줬다. 도저히 결과를 받아들일 수 없던 이 씨는 헌법소원심판을 청구했지만, 헌재도 전 남편의 상속권에 대해 합헌판결을 내렸다.

보험에 가입할 때 보험료와 보장범위 등을 꼼꼼히 비교하고 따져보는 계약자라도 놓치기 쉬운 부분이 있다. 바로 보험수익자지정이다. 보험수익자란 인보험 즉 사람에 대한 질병·사망 등을 보장하는 보험에서 사고가 났을 때 보험사로부터 보험금을 받을 자로 지정된 사람을 말한다. 통상 ▲보험만기 시 환급금을 받을 사람 ▲상해 또는 질병으로 인한 입·통원 진료비 등을 청구했을 때 보험금을 받을 사람 ▲피보험자 사망 시 보험금을 받을 사람 등 3가지로 보험수익자를 지정한다.

흔히 기본수익자로 법정상속인을 지정해 놓는 경우가 많다 보니 보험금을 수령할 때 예기치 못한 분쟁이나 법적 다툼이 생기기도 한다. 앞서 사례로 든 이 씨의 경우 딸의 법정상속인이 직계가족으로 돼 있어 아버지인 전 남편까지 포함된 것이 문제였다. 상해, 질병을 담보하는 보험은 사망수익자가 법정상속인으로 돼 있는 경우가 많은데, 바로 여기에 해당한 것이다.

다만 최근 정부가 '구하라 사건'과 같이 양육을 책임지지 않은 부모나 불효자가 재산상속을 요구할 수 없도록 하는 법제도 개선을 추진 중이라 법안이 도입될 경우 보험금지급 기준도 영향을 받을 전망이다. 법무부는 양육의무를 위반한 부모나 부양의무를 저버린 자녀의 상속권을 박탈하는 '민법 일부 개정안(구하라법)'을 입법예고한 상태다. 가수 겸 배우였던 고(故) 구하라 씨 생모가 10년이 넘도록 양육비를 지급하지 않았음에도 구 씨가 숨진 뒤 재산 절반을 요구하는 일이 있어 사회적으로 큰 비난을 받았다.

보험업계에서는 '구하라 법'이 도입될 경우 이 씨의 전 남편처럼 양육의무를 저버린 경우 법정상속인으로 수익자지정이 돼 있더라도 상속결격사유가 될 수 있다고 본다. 하지만 아직 법이 개정된 상태가 아니고, 본격 시행되더라도 상속결격사유에 해당하는지를 놓고 상속인 간 소송으로 결론을 내야 하는 상황이 벌어질 가능성도 있다. 따라서 억울한 사례를 피하기 위해서는 가입단계에서부터 수익자지정에 신경을 써야 한다.

한편 외국인이 국내에서 보험에 가입할 때 가장 유의해야 할 점도 수익자지정이다. 외국인이 보험대상자 즉 피보험자이면서 수익자를 법정상속인으로 지정한 경우, 보험금을 받을 권리는 피보험자의 본국법에 의해 처리되기 때문이다. 예를 들어 우리나라의 상속순위는 1순위 직계비속(자녀), 2순위 직계존속(부모), 3순위 형제자매, 4순위 4촌 이내 방계혈족이다. 배우자는 1, 2순위와 같은 순위로 상속하되 50%를 가산하게 돼 있다. 1, 2순위가 없는 경우에는 배우자가 단독상속인이 된다.

하지만 중국은 배우자, 자녀, 부모 모두 동률로 1순위 상속권을 갖는다. 2순위는 형제자매, 조부모, 외조부모가 같은 순위다. 이 경우 보험사는 상속 대상자를 확인하기 위해 고객에게 관련서류를 요청한다. 호구부라는 서류는 물론 모두 중국 현지에서 발급받아야 하는 친족관계공증서 등이 필요하다. 고객의 불편함도 크지만 서류구비에까지 시간이 오래 걸릴 수밖에 없어서 필요한 시기에 보험금을 받기 어려운 경우가 발생한다.

모든 국가가 우리나라나 중국처럼 법으로 상속순위를 정해 놓는 것은 아니다. 미국은 유언에 따라 상속권이 정해지는 경우가 대부분이며 유언이 없는 경우 거주지 관할주법에 정한 상속인에게 보험금을 지급한다. 몽골도 유언상속으로 이뤄지며 유언 방식은 자필증명서 방식 한 가지만 존재한다.

#법은냉정하다보험도그렇다

& 체크해 보아요!

*수익자지정 제도란?

미리 특정수익자를 지정해 놓으면 법정상속인 여부와 상관없이 피보험자가 사망할 경우 수익자로 지정된 사람에게 보험금이 지급되는 것을 말한다. 예를 들어 오랜 기간 별거하면서 남보다 못하게 지내서 '죽어도' 내 보험금을 물려주기는 싫은 가족이 있다면, 그 가족 대신 동거하는 특정 가족을 수익자로 지정하는 식이다. 보험만기 시에 수익자는 연금보험을 제외하고 누구든 지정할 수 있다. 꼭 직계가족 등이 아니어도 된다는 얘기다. 연금보험의 경우에는 세제혜택이 있기 때문에 계약자와 수익자가 일치해야 한다. 따라서 수익자로 계약자 본인만 지정할 수 있다. 입원·장해 시 수익자는 본인, 배우자, 부모, 자녀, 고용주 및 기타 가족만 가능하다. 사망 시 수익자는 법정상속인, 배우자, 직계가족 외 제3자지정도 할 수 있다. 다만 배우자와 직계가족의 경우 특별한 서류 없이 수익자로 지정할 수 있지만, 형제자매나 방계혈족, 제3자로 지정할 때는 보험사에서 피보험자와 보험계약자의 동의를 받는다.

“바꿀 수 있는 건 몰랐죠?”

— 수익자변경

김도연(가명) 씨의 결혼생활이 처음부터 불행했던 건 아니었다. 집안끼리 소개로 만난 김 씨의 남편은 멀쩡한 스펙에 외모도 준수해서 김 씨의 마음에 쏙 들었다. 연애기간이 짧았지만 결혼 초에 누구보다 자상했고 가정적이었다. 금슬 좋던 김 씨 부부 사이에 금이 가기 시작한 건 결혼한 지 5년이 지날 무렵이다. 유복한 집에서 자라나 일찌감치 사업을 하던 남편은 사업을 확장하는 과정에서 무리하다 빚을 지기 시작했다. 설상가상으로 믿었던 동료의 배신으로 사업이 실패하고 빚이 늘어가자 남편은 무너졌다. 가정을 버리고 밖으로 돌며 술과 도박에 빠지기 시작했다. '막장드라마'처럼 다른 여자와 바람을 피우는 것도 모자라 김 씨에게 폭력을 휘두르는 날도 늘어갔다. 어린 자녀들에게까지 폭언과 폭행이 계속되자 김 씨는 더이상 참을 수 없어 이혼을 선택했다.

이혼 후 식당일 등을 전전하며 힘겹게 생계를 책임지던 김 씨는 엎친 데 덮친 격으로 몇 년 후 폐암진단을 받았다. 당장 치료비용도 마땅치 않던 김 씨는 결혼 초에 지인의 권유로 가입했던 암보험이 떠올랐다. 곧바로 보험사를 찾은 김 씨는 이것저것 서류를 살펴보던 보험회사 직원의 청천벽력 같은 말에 귀를 의심하지 않을 수 없었다. 피 같은 김 씨의 보험금 5,000만 원이 원수 같은 전 남편에게 송두리째 지급된다는 것이다. 어떻게 이런 일이 생긴 걸까.

보험은 수익자지정을 강조하고 또 강조해도 부족하다. 사실 따지고 보면 보험에 드는 이유는 보험금을 받기 위해서가 아닌가. 그런데 이 보험금을 누가 받게 되는지에 의외로 무심한 경우가 많다. 김 씨는 보험에 가입할 때 보험금을 받을 수익자로 남편으로 지정해 놓고 이혼 후에 이를 바꾸지 않아서 그야말로 분통 터지는 일이 생긴 것이다. 앞서 말했듯 보험계약을 할 때 계약자는 ▲만기·생존수익자 ▲입원·상해수익자 ▲사망수익자를 지정한다. 사고가 발생했을 때 보험금 받을 사람을 미리 정하는 것인데, 가족 등 특정인으로 지정해 놓으면 상속자들과의 다툼이 발생할 여지가 없고 보험금청구 절차도 간소화되는 장점이 있다. 수익자지정을 따로 하지 않으면 법정상속인이 수익자가 된다.

김 씨는 수익자를 사전에 지정해 놓은 경우였다. 문제는 대부분의 가입자가 김 씨처럼 한 번 정해 놓은 수익자를 변경할 수 있다는 점을 생각하지 못한다는 것이다. 김 씨의 사례처럼 결혼 초나 부부 사이가 좋을 때 보험에 가입하면 자연스럽게 수익자를 배우자로 지정하는 경우가 많다. 특히나 사망보험 같은 경우 혹시라도 내가 잘못됐을 때 배우자나 자녀를 위해 가입하는 경우가 많기 때문에 당연히 배우자로 지정한다. 하지만 이후 가정불화나 이혼으로 관계가 틀어졌을 때가 문제다. 이렇게 되면 실제로 보험금을 청구하는 시점에는 김 씨처럼 남보다도 못한 관계가 돼버리는 경우가 발생하곤 해서다.

보험사 입장에서는 가입자가 수익자를 변경하기 전에 보험금 지급사유가 발생하면 변경 전 수익자에게 보험금을 줘야 한다. 김 씨의 경우 뒤늦게 상황을 파악해서 곧바로 수익자를 자녀 등으로 바꾸더라도 김 씨가 암진단을 받은 것이 수익자변경보다 먼저이기 때문에 보험사는 변경 전 수익자인 전 남편에게 보험금을 지급할 수밖에 없다. 즉 암진단을 받은 당시는 전 남편이 수익자였기 때문에 전 남편이 보험금을 받게 된 것이다.

여기서 또 하나 기억해야 할 건 수익자변경이 계약자의 권리이기 때문에 기존 수익자의 동의 없이 계약자의 신청만으로 변경할 수 있다는 점이다. 김 씨도 얼굴조차 마주 보기 싫은 전 남편과 굳이 불편하게 엮이는 일 없이 본인이 보험사에 신청만 하면 수익자를 미리 바꿀 수 있었다. 하지만 이 같은 사실을 알지 못해서 피가 거꾸로 솟을 정도로 억울한 사연이 생긴 것이다.

보험사는 담당 설계사나 안내장, 모바일메시지 등을 통해 수익자지정의 중요성에 대해 안내하고 있다. 하지만 이를 꼼꼼히 살펴보는 고객이 드물다. 가장 중요한 일임에도 불구하고 특히 장기보험 같은 경우, 보험금을 받는 일이 먼 미래의 일이기 때문에 크게 신경을 쓰지 않고 지나치기 쉽다. 하지만 이렇게 사소해 보이는 일을 놓쳤다가 나중에 눈물을 흘리며 후회하는 일이 생긴다. 절차에 따라 보험사에 신청만 하면 간단히 바꿀 수 있기 때문에 신상에 변화가 생겼다면 보험수익자가 누구로 돼 있는지 잘 살펴 늦기 전에 바꿔야 한다. 냉정한 말일 수도 있지만 혹시 배우자와 이혼을 하게 된다면 위자료만큼이나 중요한

게 바로 보험수익자라는 말이다. 언제 어떻게 사고가 발생할지 모르기 때문에 평소에도 가입한 보험의 수익자가 정당한지 주기적으로 확인하고, 보험금이 계약자의 의도대로 정확하게 지급될 수 있도록 스스로 관리할 필요가 있다.

#님이라는글자에점하나만찍으면

& 체크해 보아요!

*수익자변경을 하는 방법은?

보험계약자를 변경하는 것은 보험료를 낼 사람을 바꾸는 것이기 때문에 기존 계약자와 변경할 계약자가 동의해야 한다. 새로 보험료를 내줄 사람은 생각도 안 하는데 기존 계약자가 혼자 마음대로 계약자를 변경하는 일이 생겨서는 안 되기 때문이다. 하지만 수익자변경은 계약자, 즉 보험료를 내는 사람의 권리라 기존 수익자의 동의가 없어도 할 수 있다. 보험료를 내는 사람에게 보험금 받을 사람을 지정할 권리가 있기 때문이다. 따라서 '마음의 준비'가 됐다면 계약자가 신청만 하면 된다. 최근에는 온라인을 통해 간편하게 수익자를 바꿀 수 있는 서비스를 제공하는 보험사들도 생겼다. 다만 각 사별로 구체적인 수익자변경 방법은 다르기 때문에 수익자를 변경하고 싶다면 설계사나 각 보험사 홈페이지 등을 통해서 확인할 필요가 있다.

억울해도 방법이 없답니다
— 대습상속

강혜미 씨(가명)는 늦둥이 외동딸로 자란 내성적인 성격의 소유자였다. 회사동료의 적극적인 구애에 마음을 열어 결혼까지 하게 됐는데 남편 김성수 씨(가명)는 강 씨와 모든 면이 달랐다. 차분하고 신중한 타입의 그녀와 달리 강 씨는 호기심이 많고 변덕이 심했다. 결혼 직후부터 남편은 아내의 행동을 답답해하고 트집 잡기 시작하더니 곧바로 바람을 피웠다. 외박을 하고 돌아와서도 오히려 큰소리를 치는 남편 때문에 강 씨의 결혼생활은 늘 불행했다. 김 씨는 다른 여자와 살림까지 차렸으면서도 강 씨의 이혼요구는 끝까지 들어주지 않았다. 대외적으로 '이혼남'

딱지를 달고 살면 사회생활에 방해가 된다는 말도 안 되는 이유로 아내를 놓아주지 않았다. 그렇게 호적상으로만 부부일 뿐 오랜 별거생활을 하던 어느 날 강 씨는 췌장암진단을 받았고 얼마 지나지 않아 사망했다.

김 씨는 아내의 사망 이후에도 무슨 이유에서인지 재혼을 하지 않았다. 강 씨의 부모는 사위 때문에 딸이 몹쓸 병에 걸렸다고 생각하고 강 씨의 장례식에 김 씨를 못 오게 할 정도로 원망하며 지냈다. 그렇게 남보다 더 못하게 지내던 몇 년 후 강 씨의 아버지가 교통사고로 사망하는 사건이 발생했다. 그리고 강 씨의 어머니는 자신의 남편이 남긴 1억 원의 사망보험금 중 절반가량을 원수 같은 사위가 받게 됐다는 충격적인 소식을 들었다. 과연 어떻게 된 일일까.

강 씨는 외동딸이었는데 자식이 없는 채로 사망했고, 아버지마저 교통사고로 사망한 후에 남은 가족은 어머니뿐이다. 상식적으로 보면 강 씨의 어머니가 남편의 사망보험금 전액을 받아야 할 것 같은 상황이다. 하지만 사위인 김 씨가 보험금 일부를 상속받게 된 이유는 바로 '대습상속' 때문이다.

민법 제1001조는 '상속인이 될 직계비속 또는 형제자매가 상속개시 전에 사망하거나 결격자가 된 경우, 그 배우자와 직계비속이 사망하거나 결격된 자의 순위에 갈음하여 상속인이 된다'라고 규정한다.

일반적으로는 피상속인이 사망하고 그다음에 자녀들이 사망하는 경우가 많다. 즉 부모가 먼저 사망하고 자녀가 나중에 사망하는 것이다. 하지만 간혹 피상속인보다 자녀들이 먼저 사망하는 경우가 발생하는데, 이때 대습상속이 이뤄진다. 사망한 자녀를 상속 대상에서 제외하고 남은 가족에게 사망한 자녀의 몫까지 상속이 이뤄지는 것이 아니라, 사망한 자녀의 몫을 자녀의 법정상속인에게 대신 준다는 것이다.

해당 사례에서 만약 강 씨가 살아 있었다면 아버지의 사망보험금 1억 원은 강 씨의 어머니와 강 씨에게 지급됐을 것이다. 상속비율은 배우자 1.5, 자녀 1이기 때문에 어머니가 6,000만 원, 강 씨는 4,000만 원을 수령할 수 있다.

하지만 강 씨가 먼저 사망해 강 씨의 법정상속인인 남편에게 대습상속이 발생한 것이다. 강 씨와 김 씨 사이에는 자녀가 없었기 때문에 강 씨의 몫인 4,000만 원이 오롯이 배우자인 김 씨의 차지가 됐다. 그런데 여기서 만약 김 씨가 재혼을 했다면 이야기가 달라진다. 재혼을 하면 전 배우자와의 관계가 소멸했다고 보기 때문에 대습상속은 발생하지 않고 사망보험금 4,000만 원도 받을 수 없다.

그렇다면 혹시 강 씨가 사망 전에 남편 김 씨와 불화가 컸고, 김 씨가 장인·장모와 오랫동안 왕래 없이 남처럼 지냈다는 사실을 근거로 상속자격을 박탈할 수 있는 방법은 없을까. 안타깝게도 현행법상 그럴 가능성은 희박하다고 한다. 상속자격은 법이 정한 상속결격사유에 해당해야 하는데, 김 씨는 이에 해당하지 않기 때문이다.

상속결격사유에는 ▲고의로 직계존속, 피상속인, 그 배우자 또는 상속의 선 순위나 동 순위에 있는 자를 살해하거나 ▲사기 또는 강박으로 피상속인의 상속에 관한 유언을 하게 만드는 등이 해당한다. 유가족 입장에서는 김 씨의 불륜으로 강 씨가 마음의 병을 얻어 몹쓸 병에 걸리게 했으니 살해한 것과 다름없다고 주장하고 싶겠지만 아직까지 국내 법체계에서는 이런 이유를 통해서는 상속결격사유를 인정받기 어렵다.

#때로원수에게도내보험금이간다

& 체크해 보아요!

***대습상속이란?**

자녀가 부모보다 먼저 사망하면, 죽었기 때문에 물리적으로 부모의 재산을 상속받을 수 없다. 다만 이때 자녀의 직계비속 즉, 손자·손녀가 있다면 먼저 사망한 그의 부모를 대신해 상속을 받을 수 있는데, 이를 대습상속이라고 한다. 대습상속은 일반적으로는 자녀가 먼저 사망했더라도 자녀의 가족들에게 상속 불이익이 없도록 하자는 취지에서 만들어졌다. 하지만 이로 인한 분쟁이 많아지자 최근 대습상속 부분에서도 피상속인의 의사에 반하는 상속은 이뤄지지 못하도록 입법예고된 상태다.

사망보험금도 유류분대상이 되나요?

— 유류분소송

70대 남성인 김성국 씨(가명)는 서울 외곽에 시가 10억 원 상당의 아파트와 3억 원의 채무를 남기고 최근 사망했다. 김 씨의 상속인으로는 연년생인 아들 귀남 씨(가명)와 딸 후남 씨(가명)가 있다. 8남매 외아들로 자라서 남아선호사상이 심했던 김 씨는 생전에 아들 귀남 씨를 편애했다. 없는 살림에 귀남 씨는 유학도 보내줬고, 생전에 이미 5억 원을 증여했다. 후남 씨에게는 늘 빨리 시집갈 것을 종용했고, 재산도 전혀 물려주지 않았다. 아버지가 돌아가시자 귀남 씨는 아버지가 남긴 10억 원 상당의 아파트가 본인 몫이라고 주장했다. 아버지가 늘 "나 죽으면 이 집은

네 것"이라고 했다는 게 이유다.

후남 씨는 아버지가 사망한 후에야 귀남 씨에게 한 증여와 아파트상속에 대한 모든 사실을 알게 됐고, 억울했다. 하지만 재산을 나눠줄 수 없다는 귀남 씨의 의사는 강경했고, 결국 후남 씨는 법률상담을 받은 후 유류분 즉, 상속재산 중 상속인에게 보장되는 최소한의 몫에 대한 청구소송을 하기로 했다. 후남 씨가 주장할 수 있는 유류분은 얼마일까. 김 씨가 자신을 보험대상자로 한 종신보험에 가입한 상태라 거액의 사망보험금을 받을 수 있다면 과연 사망보험금도 유류분대상에 포함될까.

2020년 ○○카드의 모 부회장이 자신의 동생들을 상대로 약 2억 원 규모의 유류분반환 청구소송을 제기해 화제가 된 적이 있다. ○○학원의 설립자인 모 부회장의 모친이 사망 전에 본인이 죽으면 예금자산 약 10억 원과 일부 대지를 둘째 아들과 딸에게 전액 상속한다고 자필유언장을 작성한 것이다. 이후 모 부회장과 그의 부친이 동생들과 자녀들을 상대로 유류분 청구소송을 제기했다.

모 부회장이나 김 씨 가족의 사례처럼 같은 상속인으로서 상속재산에 대한 동등한 권리가 있음에도 불구하고 특정 상속인이 지나치게 많은 재산을 가져간 경우, 더 많은 재산을 받아 간 사람을 상대로 자신의 몫만큼 반환하라는 소송을 제기할 수 있다. 이를 '유류분반환 청구소송'이라고 한다.

유류분은 피상속인이 사망한 시점, 즉 상속개시 시점에 남긴 재산 중 이미 증여된 재산가액을 더한 후 채무 전액을 공제해 산정한다. 김 씨의 경우 상속재산인 아파트 10억 원에 귀남 씨에게 이미 증여한 5억 원을 더한 후 채무 3억 원을 제외한 총 12억 원이 유류분산정의 기초재산가액이 된다.

사례처럼 배우자 없이 아들과 딸 각 1명만 상속인이라고 하면, 이들의 법정상속분은 각 6억 원씩 인정된다. 여기에 자녀의 유류분율은 법정상속분의 50%이므로 3억 원이 유류분이 된다. 즉 후남 씨는 아버지가 남긴 12억 원 중 3억 원에 대해 자산의 몫을 주장할 수 있다. 여기에 더해 김 씨가 만약 귀남 씨 앞으로 거액의 사망보험금을 남겼다면 이것은 유류분반환 청구의 대상이 될 수 있을까. 원칙적으로 사망보험금은 보험계약자가 사망한 후 지정된 수익자에게 지급되는 고유재산으로 보기 때문에 상속재산에 해당하지 않는다. 따라서 상속재산에 대한 몫을 나누는 유류분산정의 기초재산에 포함되지 않고, 반환청구도 할 수 없다.

하지만 실제로 보험료를 누가 냈는지에 따라서 법정에서 사망보험금을 두고 유류분을 다투는 경우도 있다. 김 씨의 경우 피상속인인 김 씨가 보험료를 냈다면 보험금을 받은 귀남 씨는 증여를 받은 것으로 볼 수 있기 때문이다. 즉 김 씨가 낸 보험료의 상당액을 수익자인 귀남 씨가 특별수익한 것으로 볼 수 있기 때문에 사망보험금도 증여의 일부로 포함해 유류분을 따져볼 수 있는 것이다. 만약 실질적인 보험료를 김 씨 본인이 아닌 귀남 씨가 냈거나 김 씨의 사망한 배우자가 내왔다면 이는 증여로 보기 어렵다. 따라서 김 씨가 귀남 씨를 수익자로 지정해 놨다면 귀남 씨가 받게 될 가능성이 크다.

또 사망보험금이 유류분에 포함될 경우에는 수익자가 피상속인으로부터 증여받은 재산의 범위를 어디까지 볼지가 관건이다. 대법원이 아직까지 명확한 판단을 내리지 않은 상태라 ▲보험계약자인 피상속인이 지급한 보험료총액 ▲보험수익자가 지급받은 보험금총액 ▲보험계약자 사망 시 해약환급금 등을 놓고 어디까지 증여받은 재산으로 볼지 법조계에서도 의견이 분분하다.

#보험이보험으로끝나지않을때

& 체크해 보아요!

*유류분제도란?

민법에 따라 상속인에게 최소한의 상속재산을 보장하는 것을 말한다. 피상속인이 유언이나 증여를 통해 재산을 자유롭게 처분할 수 있지만, 일정한 범위의 유족에게 일정액을 남기고 만약 그 한도를 넘는 증여 등이 있다면 상속인이 반환을 청구할 수 있게 한 제도다. 피상속인이 극단적으로 전 재산을 특정인에게 남기는 것을 막아 상속인의 최소한의 재산권을 보장하자는 취지로 만들어졌다. 영국·미국을 제외한 대부분의 국가가 도입했고, 국내에서는 1977년부터 시행됐다. 단 유류분반환 청구에도 소멸시효가 있기 때문에 이 점에 특히 유의해야 한다. 유류분권리자가 반환해야 할 증여 또는 유증을 한 사실을 안 때부터 1년, 상속이 개시된 때부터 10년이 경과하면 시효로 인해 소멸돼 소송을 할 수 없다.

가족이라고 다 같은 가족이 아닙니다

— 약관상 가족

30대 직장인 홍지은 씨(가명)는 매년 설연휴마다 온 가족이 함께 근교에 사는 부모님 댁을 찾아 시간을 보냈다. 올해는 코로나19로 인한 정부의 '5인 이상 집합금지' 조치 때문에 모임을 간소하게 하기로 했다. 올케와 둘이서 차례준비만 잠깐 돕고 오기로 했다. 한창 음식을 준비하던 중 차례상에 올릴 전을 부치던 홍 씨는 실수로 옆에 앉아 있던 올케에게 뜨거운 전을 쏟아 화상을 입히고 말았다. 급히 병원을 찾아 치료를 받았고 다행히 화상이 심하지는 않았다. 홍 씨는 병원비를 모두 부담하고 올케에게 거듭 사과했다.

명절음식을 준비하다 보면 홍 씨의 사례처럼 크고 작은 사고가 생기곤 한다. 홍 씨의 경우는 그래도 올케가 성인인 데다 빠르게 조치를 취해 큰 문제가 없었지만 아이들의 경우 사고를 당하면 큰 부상을 입기도 한다. 이렇게 가족끼리 명절을 보내다가 다치거나 문제가 생긴 경우 일상생활배상 책임보험에 가입했다면 보상받을 수 있을까.

일상생활배상 책임보험은 일상생활에서 타인의 신체나 재물에 손해를 입힐 경우 피보험자의 법률상 책임을 보험사가 배상해 주는 상품이다. 한 가지 유의할 점은 약관상 가족끼리 일어난 사고는 보상을 받을 수 없다는 점이다. 하지만 홍 씨와 올케는 보상을 받을 수 있다. 어떻게 된 일일까.

홍 씨처럼 시누이와 올케 사이인 경우에는 약관상 가족의 범위에 포함되지 않기 때문이다. 통상 약관에서 정한 가족은 크게 세 가지다. ▲피보험자의 가족 또는 주민등록상에 기재된 배우자 ▲피보험자 본인 또는 배우자와 생계를 같이 하면서 보험증권에 기재된 주택의 주민등록상 동거 중인 동거친족 ▲피보험자 본인 또는 배우자와 생계를 같이하는 별거 중인 미혼자녀로 분류된다. 시누이와 올케 사이는 여기에 포함되지 않는다. 가족이지만 약관상은 가족이 아닌 셈이다.

같은 이유로 명절에 할머니댁을 찾은 손주가 실수로 뜨거운 냄비를 엎어 함께 거주하지 않는 할머니가 화상을 입은 경우이거나, 사촌 간에 놀다가 실수로 장난감을 떨어뜨려 다치는 경우에도 약관상 가족에 해당하지 않아서 보상이 가능하다.

그렇다면 최근 금전 문제로 형을 고소한 한 연예인처럼 형제 간의 분쟁도 보험으로 보상받을 수 있을까. '민사소송법률비용 손해 특약'에 가입하면 소송과 관련한 법률비용을 지급해 준다. 통상 임대차보증금 관련문제나 손해배상, 채무불이행 등 민사소송이 발생하는 경우에 쓰인다. 변호사비용과 인지액, 송달료 등을 각 법령에 따른 금액 내에서 실제 지출한 비용만큼 보상한다.

이 특약을 언급한 이유는 여기도 가족의 정의가 중요해서다. 이 특약은 피보험자와 피보험자 가족 간의 민사소송은 보상하지 않는다. 해당 특약의 가족은 피보험자에게 발생한 사건 당시 기준으로 ▲피보험자 본인과 배우자의 부모 또는 양부모 ▲피보험자의 법률상 또는 사실혼관계에 있는 배우자 ▲피보험자의 자녀 및 며느리, 사위가 해당된다. 소송대상이 형제인 경우는 약관상 가족의 범위에 해당하지 않기 때문에 다른 보상의 기준에 부합한다면 보험금을 받을 수 있다.

유의해야 할 점은 소송제기의 원인이 되는 사건과 소송제기가 모두 보험기간 중에 발생해야 한다는 것이다. 예를 들어 보험에 가입한 이후에 형이 빌려 간 돈을 갚지 않고, 소송을 제기했던 시점도 보험기간에 해당해야 보상이 가능하다. 만약 채무불이행이 발생하고 나서 보험에 가입했거나, 보험기간 중에 채무불이행이 발생했지만 보험기간이 종료된 이후에 소송을 냈다면 보상받을 수 없다.

& 체크해 보아요!

*민사소송법률비용손해 특약이란?

이 특약은 통상 화재보험이나 운전자보험 등에 가입할 때 함께 가입한다. 정해진 한도 내에서 실제 부담한 금액만큼만 보상하기 때문에 중복으로 가입했더라도 실제로 부담한 금액만큼만 비례보상한다. 실제 들어간 비용이 100만 원이라면 각 보험사마다 100만 원을 주는 것이 아니라 보험사들이 나눠서 100만 원을 준다는 얘기다. 따라서 굳이 추가로 가입할 필요는 없다. 반면 피보험자에 따라 각각 가입해야 하는 담보라는 점은 주의해야 한다. 예를 들어 형제간 공동명의인 건물에서 임대차보증금 관련민사소송이 벌어졌다면 소송당사자가 여럿이기 때문에 소송비용을 나눠서 부담하는 것이 원칙이다. 보상 역시 피보험자가 실제 부담하는 금액만큼만 보상하기 때문에 제대로 보상을 받기 위해서는 소송당사자 모두 특약에 가입할 필요가 있다.

자식 잃은 것도 서러운데 사망보험금도 못 받은 이유

— 15세 미만 자녀

서미숙 씨(가명)는 몇 해 전 아주 불행한 일을 겪었다. 하나뿐인 아들의 유치원입학 기념으로 온 가족이 해외여행을 갔던 것이 문제였다. 즐거운 시간을 보내고 여행 마지막 날 호텔수영장에서 놀던 아이가 잠깐 한눈을 파는 사이에 불의의 사고로 물에 빠져 사망하고 만 것이다. 아직 어린 아이를 데리고 굳이 해외여행을 가자고 한 것부터 왜 하필 그 순간에 아이에게서 눈을 뗐는지 등등 모든 순간이 후회와 자책의 연속이었다. 한동안 우울감과 절망감에 빠져 있던 서 씨는 간신히 마음을 추스르던 중 지인으로부터 당시 해외여행에 갈 때 아이와 함께 여행자보험에 가입했다면 보험금을 받을 수 있을지 문의해 보라는 조언을 듣고 뒤늦게 보험회사에 연락했다. 하지만 보험사에서는 아이의 사망보험금을 지급할 수 없다고 답했다. 서 씨는 어린 아이와 함께 한 여행이라 더 걱정돼서 가입한 여행자보험인데, 다친 것도 아니고 아이가 죽은 사고인데도 보상을 받을 수 없다는 것을 이해할 수 없었다.

흔히 사고나 질병에 대비하는 보험에 가입할 때 사망보험금이 당연히 포함돼 있다고 생각하기 쉽다. 사실 여행자보험도 기본적으로 사망보장이 포함된 경우가 많긴 하다. 그런데 서 씨의 경우 왜 사망보험금을 받을 수 없었을까.

이 경우는 아이의 나이가 문제다. 서 씨의 아이는 만 5세였는데, 만 15세 미만의 어린이는 법적으로 사망보장보험에 가입할 수 없다. 상법 제732조(15세 미만자 등에 대한 계약의 금지)에는 '15세 미만자, 심신상실자 또는 심신박약자의 사망을 보험사고로 한 보험계약은 무효로 한다'라고 규정됐기 때문이다.

이 조항은 지금으로부터 약 12년 전인 2009년 4월에 생겼다. 당시 먹고살기 힘들다는 이유로 보험금을 노리고 부모가 자녀를 살해하거나, 아이들을 입양까지 해서 보험에 가입시킨 후 고의로 손가락을 자르거나 다치게 만들어 보험금만 챙기는 극악무도한 보험범죄가 기승을 부리던 시기였다. 지금으로부터 불과 10여 년 전에 이런 일이 많았다는 사실을 믿기 힘들지만 실제로 그랬고, 이런 보험범죄를 막기 위해 정부는 만 15세 미만의 사망보장 보험가입을 금지시켰다. 법률로 약자인 어린이의 목숨이나 신체의 상해를 노린 범죄로부터 이들의 생명권을 지키고자 한 것이다.

하지만 서 씨의 사례처럼 부모 입장에서는 억울한 상황이 생기기도 한다. 극단적인 사례이긴 하지만 만약 어린이집 학대피해로 아이를 잃은 경우, 만 15세 미만이기 때문에 사망사고에 대한 보상을 받지 못할 수도 있다. 요즘에는 코로나19 여파로 잦아들긴 했지만 최근 몇 년 새 어린 자녀들을 동반한 해외여행이 많아지면서 보험사고 발생 가능성도 높아진 상태라 보험을 통해 어린이들의 생명을 보장받을 수 있도록 제도가 개선돼야 한다는 목소리도 나온다.

현행 법률체계에선 만 15세 미만의 어린이는 사망보장보험에 가입할 수 없다. 그렇다면 자녀가 15세가 된 후에는 어떻게 하는 것이 좋을까. 15세 이상 자녀의 사망보장을 추가하는 방법은 크게 3가지가 있다.

첫째는 사망을 담보로 하는 새로운 보험을 가입하는 것이다. 종신보험, 정기보험을 등 주계약에서 사망을 보장하는 보험은 보험료가 다소 비싼 편인데, 연령이 증가할수록 보험료도 올라가기 때문에 같은 보장금액이라도 어릴 때 가입하는 것이 더 유리하다.

이를테면 일반 종신보험에 가입할 경우, 사망보험금 1억 원 기준(30년 납)으로 15세에 가입하면 월 보험료는 12만 9,000원이다. 하지만 30세가 되면 월 17만 1,000원으로 늘어난다. 매월 4만 2,000원의 보험료 차이가 나는 셈인데, 납입기간 30년이면 총 1,500만 원 이상의 보험료 절감효과를 얻을 수 있는 것이다.

둘째로 새로운 보험에 가입하는 것이 경제적으로 부담스럽다면 기존에 가입된 어린이보험에 사망보장 특약을 중도부가하는 방법도 있다. 출산 전후의 부모들이 많이 가입하는 태아보험이나 어린이보험은 주로 상해나 질병에 의한 진단, 입원, 치료자금이나 위로금으로 구성된 상품이라 일반적인 사망보장은 없다고 보면 된다. 신규가입이 아니므로 신계약가입에 소모되는 수수료 등을 아낄 수 있는 것이 장점이다. 다만 중도부가 가능한 상품이나 특약이 많지는 않아 선택이 제한적인 것이 단점이다.

셋째로 어린이보험에 중도부가할 수 없다면 부모의 보험에 자녀특약으로 중도부가할 수도 있다. 통합보험, 종합보험 등의 이름을 가진 상품 중에 중도부가 기능이 있는 보험이 있는데, 배우자, 자녀 등 가족이라면 특약을 부가함으로써 온 가족이 1개의 보험으로 보장받을 수 있다. 물론 신규보험처럼 특약의 종류가 다양하지 않기 때문에 선택에 제한이 있을 수 있다.

& 체크해 보아요!

***미성년자 보험가입, 부모가 대신 서명해도 될까?**

부모가 미성년자녀를 대신해 서명한 보험은 보험금을 받을 수 없다. 미성년자 신분이라고 하더라도 자녀의 동의 없이 부모가 대신 서명한 것은 계약 인정을 받을 수 없기 때문이다. 상법 제731조 1항에는 '타인의 사망을 보험사고로 하는 보험계약에는 보험계약체결 시에 그 타인의 서면에 의한 동의를 얻어야 한다'라고 되어 있다. 다른 사람이 보험금을 받을 목적으로 피보험자를 살해하거나 사행성 있는 행위를 하는 것을 사전에 방지하기 위한 것이다. 미성년자가 보험대상자가 될 때는 미성년자 본인의 동의가 꼭 필요하다. 아울러 미성년자의 법률행위이기 때문에 법정대리인, 즉 친권자인 부모의 서명도 있어야 한다. 미성년자인 자녀와 부모 각각의 동의가 필요해 총 3명의 서명이 있어야 한다는 의미다.

보험금 잘 받는 법

—상품 편

가입할 땐 다 보장한다더니!
— 질병코드

50대 직장인 이상준 씨(가명)는 평소 운동도 열심히 하고 건강에 자신이 있는 편이었다. 하지만 최근 사무실에서 일을 하던 중 갑자기 오른쪽팔에 힘이 빠지면서 동시에 오른쪽눈이 흐릿하게 보이는 증상을 겪었다. 순간 아찔했다. 옆자리 동료들에게 말하니 혹시 뇌졸중 초기증상이 아니냐고 염려했다. 가족과 주변의 우려에 병원을 찾은 이 씨는 실제로 뇌졸중이라는 진단을 받았다. 한동안 회사에 병가를 내고 입원치료를 받은 이 씨는 다행히 무사히 퇴원했고, 회사에 복귀한 후 가입한 보험회사에 보험금을 청구했다. 하지만 보험사에서는 이 씨의 뇌졸중이 '보장범위에 해당되지 않는다'면서 보험금지급을 거부했다. 아니, 이게 무슨 소리인가. 분명 가입할 때는 설계사가 '모든 뇌졸중을 보장해 준다'라고 했는데 말이다. 이 씨는 며칠 동안 그를 따라다니며 보험을 권유했던 담당 설계사에게 전화를 걸어 따졌다. 하지만 그는 몇 가지를 물어보더니 '어쩔 수 없다'라고 했다. 이 씨는 뭐가 어쩔 수 없는 건지 도무지 이해가 가지 않았다.

기온이 급격하게 내려가거나 일교차가 심한 환절기에는 혈관 수축 등으로 인해 뇌심혈관계질환이 발생하기 쉽다. 특히 평소에 흡연을 하거나 고혈압을 앓고 있는 경우라면 발병확률이 더 높다. 이런 이유로 나이가 들수록 뇌심혈관질환을 우려해 이를 보장하는 보험에 가입하는 고객이 많다. 하지만 '모든 뇌혈관·심혈관질환을 보장해 준다'라는 말만 듣고 덜컥 가입했다가 이 씨의 사례처럼 보장범위가 아니라는 황당한 소리를 듣는 일이 생기기도 한다. 어떻게 된 것일까.

먼저 보험상품과 질병코드에 대해 알아야 한다. 과거에 생명보험사들이 많이 판매한 CI(중대질병)보험이란 상품이 있다. 이 상품은 보장하는 질병을 의학적 진단기준과 의학용어로 서술하는 방식을 썼다. 하지만 최근에 대부분의 보험사가 판매하는 GI(일반 질병)보험이나 건강보험은 이른바 'KCD코드 방식'을 쓴다. 보장질병을 '코드'로 일일이 나열하는 것이다. 이런 상품의 경우 가입할 때는 얼핏 모두 보장하는 것처럼 오해할 수 있지만 실제 보장범위는 약관에 표시된 질병코드만 해당하기 때문에 주의가 필요하다.

예를 들어 뇌졸중을 보장해 준다는 A보험사의 상품은 뇌출혈에 해당하는 'I60~I62'코드만 보장해 준다. 뇌경색에 해당하는 'I63'코드는 빠져 있어서 뇌경색진단이 나오면 보험금을 받을 수 없다. 가입할 때 미리 질병코드와 보장하는 질병을 확인하지 않는다면 헷갈리기 쉽다. 같은 이유로 뇌혈관질환의 후유증에 해당하는 'I69'코드를 보장해 주는 지도 미리 약관에서 살펴봐야 한다.

심혈관질환도 마찬가지다. 심근경색에 해당하는 'I21~I23'코드 외에도 허혈심장질환에 해당하는 'I24~I25'코드 등을 보장하는지 확인해야 한다. 심근경색만 보장하는 상품에 가입했다면 허혈심장질환을 보장을 받을 수 없어서다.

반대의 경우도 마찬가지다. 또 심혈관질환을 보장하는 대부분의 상품들이 주보험 외에 급성심근경색 특약 등의 이름으로 별도 보장하고 있다. 심근경색 등이 아닌 심장정지(I46) 등은 심혈관계 질환보장 특약이 아닌 중대질병수술보장 특약 등의 이름으로 보장하기 때문에 참고해야 한다.

& 체크해 보아요!

*질병분류기호란?

질병을 유형별로 분류해서 알파벳과 숫자를 활용해 기호를 붙여 놓은 것이다. 통계청은 WHO(세계보건기구)의 권고에 따라 국제 질병분류(ICD)를 기초로 해 한국표준질병·사인분류를 제정 및 개정하고 있다. 한국표준질병·사인분류는 의무기록 자료와 사망원인 통계조사 등 질병에 걸린 것과 사망 자료를 그 성질의 유사성에 따라 체계적으로 유형화한 것이다. 전염성질환, 부위에 따른 국소질환, 발육질환손상으로 구분된다. 질병코드는 병원, 의원에서 의사가 내주는 진단서와 처방전에 기재돼 환자가 어떤 질병으로 분류됐는지 확인할 수 있다. 보험사는 질병코드를 보고 이에 맞게 보험금을 지급한다.

약관에 기재된 질병코드와 발병원인을 확인해야

— 주치료와 부치료

40대 직장인 김영준 씨(가명)도 20대에는 훤칠한 키에 호리호리한 몸매로 '어디서 꿀리지 않는' 훈남이었다. 하지만 회사에 입사한 후 잦은 회식과 술자리 등 불규칙한 생활이 계속되면서 체중이 늘고 허리에 통증도 생겼다. 20대에는 키 178cm에 몸무게가 80kg을 넘은 적이 없던 그이지만 지금은 90kg을 훌쩍 넘는다. 그러더니 결국 최근 당뇨진단을 받았고, 허리통증까지 참을 수 없을 정도로 심해져 한 한방병원을 찾았다. 김 씨는 병원의 권유로 2주 넘게 병가를 내고 입원치료를 받았다. 진단서에 기재된 김 씨의 병명(질병코드)은 추간판탈출증(M51)과 당뇨(E14).

김 씨는 마침 몇 년 전 가입해둔 건강보험에 성인병으로 입원하면 보험금을 받을 수 있는 특약을 가입한 것이 기억났다. 당뇨는 대표적인 성인병이니 보상을 받을 수 있겠다고 생각한 김 씨는 보험사에 보험금을 청구했다. 하지만 보험사에서는 보험금 지급을 거절했다.

이 정도면 '보험사가 또 왜 이럴까' 하는 생각이 들 법하지만 먼저 '주치료'와 '부치료'의 개념에 대해 알 필요가 있다. 보험사는 보험금을 지급할 때 피보험자가 어떤 질병이나 재해로 치료를 받았는지를 중점적으로 본다. 통상 주치료와 부치료병명으로 나누는데, 보험사는 이 중 주치료병명을 근거로 보험금지급 여부를 결정한다. 보험약관에 '보험대상자가 보험기간 중 해당 질환으로 진단이 확정되고, 그 치료를 직접적인 목적으로 치료한 경우'에 보험금을 지급한다고 명시돼 있어서다.

김 씨의 경우 당뇨진단을 받았지만 병원에 입원한 이유는 허리통증, 즉 추간판탈출증을 치료하기 위해서였다. 당뇨를 치료하기 위한 목적으로 한방병원에 입원한 것은 아니기 때문에 허리통증이 직접적인 목적이 된다. 따라서 성인병을 보장하는 특약을 통해서는 한방병원입원 보험금을 받을 수 없는 것이다.

그렇다면 진단서에 당뇨는 왜 기재된 걸까. 김 씨는 분명히 진단서에 당뇨라고 쓰여있는 것을 보고 보험금을 청구했기 때문에 억울했다. 일반적으로 병원에서는 치료과정 중에 발생한 질병명을 진단서에 모두 기재한다고 한다. 김 씨의 경우도 허리 치료 외에 당뇨를 관리하기 위해 사용된 약물 등이 있기 때문에 당뇨도 질병명으로 함께 기재된 것이다. 그렇다고 보험사가 모든 부치료에 대해 보험금을 지급하지 않는 것은 아니다. 고객의 부치료병명에 대해서도 직접적인 치료가 있었고, 입원이 필요한 상황이었다고 하면 보험사는 의사면담과 진료차트 등을 통해 사실 여부를 확인한 후 보험금을 주기도 한다.

김 씨와 같은 사례는 어린이보험에서도 종종 발생한다. 스마트폰, 노트북 등 스마트기기를 자주 사용하는 탓에 최근 발병률이 증가하고 있는 'VDT증후군'이 대표적이다. '컴퓨터과잉질환'으로 불리는 VDT증후군은 거북목증후군, 안구건조증, 손목질환 등이다. 특성상 발병원인이 한 가지가 아니거나 명확하지 않아 보험금을 받을 수 있는지 헷갈릴 때가 많다.

VDT증후군으로 보장받으려면 질병코드 중 ▲팔의 단일신경병증(G56) ▲기타 관절연골장애(M24.1) ▲인대장애(M24.2) ▲관절통(M25.5) ▲근육장애(M60~M63) ▲경추상완증후군(M53.1) 등 총 10종류의 질환으로 진단받아야 한다.

VDT증후군에 대한 수술보험금을 지급하는 어린이보험에 가입한 학생이 교통사고를 당해서 입원을 했는데, 진단서에 VDT증후군과 관련한 질병코드가 발생했다면 어떻게 될까. 김 씨의 사례와 마찬가지로 VDT증후군과 관련한 질병코드가 기재됐더라도 주치료 목적이 교통사고였다면 VDT증후군으로 보험금을 받기는 어렵다.

이렇게 주치료와 부치료의 개념을 모르고 진단서만 보고 보험금청구를 했다가 보장이 안 된다는 얘기를 듣고 당황하는 고객이 많다. 대부분 상품이 약관에 기재된 질병코드와 발병원인을 근거로 보장 여부가 결정되기 때문에 보험금을 청구하기 전에 콜센터 등을 통해 정확하게 확인해보는 것이 좋다.

#적정치료인가아닌가가중요하다

& 체크해 보아요!

*주치료와 부치료란?

주치료와 부치료는 진단을 하는 의사의 소견을 기준으로 결정된다. 보험사는 보험금지급 신청이 들어오면 담당 의사와 면담을 하고, 어떤 것이 주치료이고 부치료인지를 구분한다. 주치료는 개수가 정해진 것은 아니라서 꼭 하나가 주치료이고, 나머지는 부치료인 개념은 아니다. 부치료라고 하더라도 담당 의사가 치료가 동반됐다고 판단하면 보험사는 보험금을 지급한다. 즉 보험사별로 주치료와 부치료를 나누는 기준이 다르고, 가입자의 병명과 치료 목적에 따라서도 다 다르다. 다만 금융감독원이 2020년 부치료에 대해서도 적정하게 보험금청구를 했다면 지급을 하라는 지침을 각 보험사에 전달해 적정치료로만 확인된다면 가급적 보험금을 주는 추세다.

똑같은 코로나 확진인데, 왜?

— 상해와 질병

62세 남성 김진우 씨(가명)는 20년 전 지인의 권유로 종신보험에 가입했다. 결혼을 하고 자녀들이 생기다 보니 혹시 모를 사고에 대비하기 위해 사망보험금 1억 원이 보장되는 상품에 들었다. 김 씨는 2020년 10월 코로나19 확진 후 안타깝게 세상을 떠났다. 슬픔에 잠겨 있던 김 씨의 유족들은 보험사에 사망보험금을 청구해 2억 원의 재해사망보험금을 수령했다. 82세 남성 이성우 씨(가명)도 비슷한 시기에 코로나19 확진판정을 받고 사망했다. 영업직 특성상 외근이 잦던 이 씨는 종신보험 대신 상해보험에 가입한 상태였다. 사망할 경우 보험금 1억 원이 보장되고, 질병으로 인한 사망을 보장하는 특약도 가입한 상태다. 이 씨의 유가족은 그가 사망한 후 보험금을 청구했지만, 보험사로부터 사망보험금을 지급할 수 없다는 통보를 받았다. 유족들은 납득할 수 없어 소송을 냈다.

똑같이 코로나19 확진 후 사망했고 사망 시 1억 원을 보장하는 보험에 가입했는데 김 씨의 유족들은 보험금을 받고, 이 씨는 못 받은 이유는 뭘까. 결론부터 말하자면 가입한 상품이 달라서다. 생명보험에서는 코로나19가 '재해'로 인정돼 재해사망보험금을 받는다. 하지만 손해보험에선 코로나19를 상해가 아닌 '질병'으로 인정하기 때문에 질병사망보험금을 받는 것이다.

우선 김 씨는 생명보험의 일종인 종신보험에 가입했다. 생명보험은 사람의 사망에서 오는 경제적 손실을 보장하는데 감염병, 재난 등 재해로 인해 사망할 경우 일반적인 사망보다 1.5~2배 수준의 사망보험금을 지급한다. 여기서 재해는 ▲우발적인 외래사고 ▲A형 간염 ▲콜레라 등 법정감염병이 해당된다. 코로나19 역시 법정감염병에 포함돼 재해로 인정받는다. 김 씨가 가입한 보험은 일반적인 사망에 대해 1억 원을 보장하는 종신보험이기 때문에 코로나19로 사망한 김 씨의 유가족은 2배에 해당하는 2억 원의 재해사망보험금을 받은 것이다.

반면 이 씨는 상해보험에 가입했다. 상해보험은 손해보험의 일종으로 사고로 인한 재산상의 손해를 손해액만큼 보장한다. 상해보험은 급격한 외래의 사고로 입은 상해로 사망할 경우 사망보험금을 지급하는데 ▲급격성 ▲우연성 ▲외래성 등 3가지 조건을 모두 충족해야 한다. 이 씨의 경우 급격한 외래의 사고로 입은 상해가 아니라 질병이기 때문에 사망보험금을 받지 못한 것이다.

실제로 2020년 10월 코로나19 사망자 유족이 보험사를 상대로 제기한 상해사망보험금지급 청구소송에서 대구지방법원은 원고 패소판결을 내렸다. 피보험자의 사망원인은 급격한 외래의 사고로 입은 상해가 아니라 질병이기 때문에 보험금 지급대상이 아니라고 판단한 것이다. 해당 사건에서 법원은 생명보험 약관의 재해와 손해보험 약관의 상해는 보호범위가 다를 수 있으며, 손해보험 약관상 코로나19 감염은 '급격한 외래의 사고로 입은 상해'로 보기 어렵고 감염병에 해당하는 '질병'으로 보는 것이 타당하다고 판시했다. 코로나19에 감염돼 패혈증에 이르게 된 것은 신체조건, 체력, 면역력 등이 상당한 영향력을 미친 것으로 보이고, 당뇨, 고혈압 등 내재적 기저질환이 코로나19로 인해 악화돼 사망했을 가능성을 배제할 수 없다는 취지였다.

다만 상해보험의 경우 특약을 통해 질병으로 인한 사망을 보장하고 있다. 그러나 질병특약의 경우에도 80세까지만 보장하고 있기 때문에 82세인 이 씨는 질병특약에서 보장하는 사망보험금의 지급대상이 아니다.

질병관리청에 따르면 2021년 3월 28일 기준 코로나19 사망자 1,722명 중 56%에 달하는 959명이 80대 이상인 것으로 나타났다. 코로나19 등 고령층에게 특히 위험한 질병을 보장하고자 한다면 보험가입 전에 보험금뿐 아니라 상품 자체를 면밀하게 비교해보는 것이 중요하다.

#생명보험의재해냐손해보험의질병이냐

& 체크해 보아요!

***1급감염병은?**

1급감염병은 재해로 분류돼 일반 질병보다 더 많은 보험금을 받는다. 과거 국내에서 사스(중증급성호흡기증후군)나 메르스(중동호흡기증후군)가 유행할 당시에는 재해로 분류되지 않아 일반 보험금을 받았다. 2020년 1월부터 '감염병의 예방 및 관리에 관한 법률'이 개정되면서 코로나19도 '1급감염병'에 포함돼 재해에 해당한다. 이에 따라 1급감염병은 코로나19, 사스, 메르스 외에도 ▲에볼라바이러스병 ▲마버그열 ▲라싸열 ▲크리미안콩고출혈열 ▲남아메리카출혈열 ▲리프트밸리열 ▲두창 ▲페스트 ▲탄저 ▲보툴리눔독소증 ▲야토병 ▲동물인플루엔자 인체감염증 ▲신종인플루엔자 ▲디프테리아 등이 해당한다.

통상 질병을 보장하는 건강보험 등에 가입해 질병에 걸려 입원하면 입원보험금을, 사망 시에는 사망보험금을 받는다. 재해보험금은 통상 일반 보험금보다 2배가량 많다. 코로나19의 경우 감염병환자의 격리를 위해 국가와 지방자치단체가 검사와 치료에 드는 비용을 모두 부담하기 때문에 입원비 등은 해당사항이 없다. 코로나19 확진환자가 사망할 경우 일반 사망보험금이 아닌 재해사망보험금을 받게 된다. 주계약과 별로도 재해특약에 가입해 있다면 일반 보험금을 받고 재해보험금도 추가로 받는다.

2009년 10월에 무슨 일이 있었죠?

— 실손보험 가입시점

30대 직장인 김덕화 씨(가명)는 탈모 때문에 고민이 이만저만이 아니다. 20대 후반부터 특별한 이유 없이 시작된 탈모로 인해 40대 부장님보다 나이가 더 들어 보인다며 놀림을 당하기 일쑤다. 아직 미혼인 그는 소개팅에 나가도 번번이 퇴짜를 맞는다. 간간이 연애를 할 때도 여자친구들이 김 씨의 머리에 대해 은근히 불만을 말했던 경험이 있어 시간이 갈수록 자신감이 더 떨어지고 위축된다. 그러던 중 같은 '탈모인' 친구가 최근 병원에서 치료를 받은 후 탈모증세가 호전됐다는 소식을 전했다. 몇 달 사이에 얼마나 좋아졌을까 싶었는데 실제 친구를 만나보니 눈에 띄게 머리숱이 늘어난 것이 아닌가. 10년까지는 아니어도 대략 3~4년은 젊어 보였다. 마음이 혹한 김 씨는 친구의 추천으로 한 병원을 찾아 '안드로젠탈모증'진단을 받고 치료를 받기 시작했다. 친구가 실손보험에 가입돼 있으면 돈도 별로 안 든다기에 그 말만 믿고 마음 편히 치료를 받았다. 김 씨는 이후 보험사에 보험금을 청구했지만 '질병치료가 아닌 미용목적으로 분류돼 보험금지급이 안 된다'라는 답변을 받았다.

탈모는 일반적으로 두피에서 머리털이 줄어들거나 많이 빠져 대머리가 되는 현상을 말한다. 남성형탈모, 여성형탈모, 원형탈모, 휴지기성탈모 등 발생유형에 따라 원인과 치료법이 다르다. 가장 흔하게 나타나는 남성형탈모는 유전인 경우가 대부분이다. 머리카락이 가늘어지면서 이마선이 점점 뒤로 밀려나 이마가 알파벳 'M'자 모양으로 넓어진다. 김 씨가 전형적인 남성형탈모였다.

여성형탈모는 정수리 부분이 점점 비는 경우가 많다. 요즘은 젊은 여성들에게도 심심치 않게 생긴다고 한다. 남녀구분 없이 생기는 원형탈모는 머리에 흔히 '땜빵'이라고 말하는 동전크기의 구멍이 생기는데, 스트레스가 주요원인이다. 휴지기성탈모는 모발이 성장기간을 다 채우지 못하고 말 그대로 휴지기로 들어가면서 생긴다.

그렇다면 모든 탈모치료는 김 씨의 사례처럼 실손보험으로 보장받을 수 없는 걸까. 결론부터 말하면 그렇지 않다. 치료 목적이 분명한 경우 탈모로 인한 급여진료 자기부담금을 보장받을 수 있고, 비급여진료도 보험금을 받을 수 있는 경우가 있기 때문이다.

실손보험은 기본적으로 질병치료 목적일 경우에 한해 보험금을 지급한다. 따라서 탈모도 질병치료의 목적인지, 미용 목적인지에 따라 보험금지급 여부가 결정된다. 실손보험이 표준화되기 전, 즉 2009년 10월 이전 가입자는 약관상 탈모에 대한 별도의 보장 제외항목이 없긴 하지만 표준화 이후 가입자와 마찬가지로 질병치료 목적일 경우만 보험금을 받을 수 있다.

다만 질병치료의 경우라도 급여로 인정되는 치료가 많지 않아 병원에서 추가로 비급여진료를 권하는 경우가 있다. 비급여진료에 대한 보장은 상품마다 다르다. 비급여진료라도 질병치료의 경우에는 일부 보장이 되는 경우도 있어 반드시 가입한 보험사에 별도확인이 필요하다.

질병치료와 미용 목적을 구분하는 구체적인 기준은 없지만 통상 탈모가 급격하게 진행됐는지, 점진적으로 진행됐는지 여부로 확인할 수 있다. 질병치료로 인정되는 탈모는 흔히 알고 있는 원형탈모와 지루성피부염으로 인한 탈모 등이 해당한다. 이 경우 외래의료비와 처방약제비는 급여항목으로 보험금지급이 가능하다. 또 비급여약제의 경우에도 탈모약이 아닌 지루성피부염약일 경우 보험금을 받을 수 있다.

하지만 갑작스러운 원형탈모가 아닌 노화로 인한 원형탈모는 보장이 되지 않는다. 또 안드로젠성탈모, 남성형(M자)탈모 등은 치료의 목적이 미용으로 분류돼 보장받을 수 없다. 최근 늘어나고 있는 머리숱을 이식하는 수술이나 발모제구입, 혈관·모공 레이저치료의 경우도 역시 미용 목적으로 분류돼 보험금을 탈 수 없다.

반면 치질은 질병의 치료 목적이라는 것이 인정되면서 2009년 10월부터 치질 등의 항문과 질환도 실손보상이 가능하게 바뀌었다. 2009년 9월까지는 항문 관련 질환도 미용 목적과 마찬가지로 실손보상 대상에서 제외됐었다.

다만 보상은 건강보험에서 보장하는 급여부분에서만 90% 내 받을 수 있고 비급여진료는 보상이 불가능하다. 즉 건강보험에서 보장하는 급여항목에 한해서는 모든 항문과 질환이 90%까지 보험금을 받을 수 있다는 것이다. 치질치료는 비급여항목의 비용이 적지 않은 만큼 각자 증상에 따른 급여와 비급여비중에 대한 확인이 필요하다.

#미용목적은실손처리안돼요

& 체크해 보아요!

*실손의료보험 표준화란?

국내에서 실손보험이 판매되기 시작한 건 1980년대부터다. 초기에는 특정질병에 대한 실제의료비를 보장하는 식이었다. 1999년부터 손해보험사들이 전체질병에 대해 국민건강보험이 보장하지 않는 비급여항목과 본인부담금을 보장하는 현재와 같은 형태의 실손보험을 내놨다. 초기에는 본인부담금 없이 100% 보장하고 보험료를 15년마다 갱신하는 상품까지 있었는데도 가입률이 높지 않았다. 2000년대 들어 생명보험사들도 실손보험 판매에 뛰어들면서 상황이 바뀐다. 2009년 20%의 자기부담금을 내던 생보사상품과 자기부담금을 전혀 내지 않던 손보사상품이 10%의 자기부담금을 내는 방식으로 표준화됐다. 2009년 10월을 기점으로 이전과 이후 상품은 일부 질병에 대해 보장 여부가 갈린다.

억울해도 어쩔 수 없어요

— 과실비율

지방에서 일을 보고 늦은 밤 고속도로에서 운전 중이던 김금자 씨(가명)는 전방2차로에서 고장으로 멈춰 선 박찬욱 씨(가명)의 차량을 발견했다. 평소 어려운 처지의 사람을 그냥 지나치지 못하는 성격의 김 씨는 '늦은 밤에 혼자 얼마나 곤란할까' 싶은 마음에 본인 차를 갓길에 세워놓고 박 씨가 차량을 갓길로 밀어내는 것을 도와줬다. 그러던 중 어두운 도로 탓에 앞에서 이런 상황이 벌어지고 있는 줄 몰랐던 최진우 씨(가명)의 차량이 이곳을 지나다 김 씨를 치고 마는 큰 사고가 났다. 김 씨는 이로 인해 전신에 큰 부상을 당해 평생 휠체어를 타야 하는 심각한 후유장해를 입고 말았다.

선의로 다른 사람을 돕다 큰 부상을 입은 김 씨는 최 씨의 자동차보험으로 피해에 대해 전액 보상을 받을 수 있을까. 안타깝지만 김 씨에게도 약 40% 과실이 발생해 해당 과실비율만큼 공제된 금액만 보상받을 수 있다. 과실비율은 주·야간여부, 도로상황 등에 따라 사고별로 다른데, 김 씨와 유사한 사고사례의 과실비율을 예로 든 것이다.

김 씨 입장에서는 좋은 의도로 다른 사람을 돕다가 발생한 사고인데 전액 보상을 받지 못하는 것이 다소 억울할 수도 있다. 하지만 가해차량 차주인 최 씨의 입장에서도 야간에 고속으로 주행하는 고속도로에서 도로 위에 서 있는 김 씨를 피하긴 사실상 불가능한 상황이었다. 최 씨에게 모든 책임을 지운다면 최 씨 역시 억울할 수밖에 없다.

손해배상제도의 기본원칙에는 '손해의 공평한 분담'이란 것이 있다. 비록 김 씨가 지극히 선한 의도로 어려움에 처한 박 씨를 돕다가 발생한 사고라 할지라도 사고에 대한 최 씨 측과의 손해를 분담할 땐 객관적으로 공평하게 분담해야 한다는 것이다.

그렇다면 김 씨는 본인이 부담해야 하는 40%의 과실분 중에서 본인이 가입한 자동차보험에서도 일정 부분 보상을 받을 수 있을까. 안타깝지만 이것도 보상받을 수 없다. 김 씨의 경우 차량운전이나 조작 중에 발생한 사고가 아니기 때문이다.

최 씨의 자동차보험회사로부터 일정 부분(60%) 보상을 받는다 하더라도 경제적 활동이 사실상 불가능해진 김 씨는 생활에 상당한 어려움을 겪게 될 수도 있다. 다른 구제책은 없을까.

다행히 국내에는 김 씨 같은 사람을 구제하는 의사상자지원제도라는 것이 있다. '의사상자 등 예우 및 지원에 관한 법률'(일명 '의사상자법')에 의하면 의사상자란 '직무 외의 행위로 위해에 처한 다른 사람의 생명 또는 신체를 구하기 위해 자신의 생명과 신체위험을 무릅쓰고 구조행위를 하다가 죽거나 다친 사람'이다. 사망한 사람은 의사자, 다친 사람은 의상자로 구분한다. 김 씨처럼 의사상자요건에 해당하는 사람은 신청을 통해 보건복지부에서 여는 의사상자 심사위원회에서 의사상자로 인정받으면 부상 정도에 따라 해당하는 보상금을 지급받을 수 있다.

다만 판례 등에 의하면 이렇게 의사상자법에 의해 지급되는 보상금은 가해차량측에서 지급해야 하는 손해액인 보험금에서 공제되지 않는다. 의사상자와 유족의 생활안정과 복지향상을 도모한다는 사회보장적 성격과 국가적 예우를 시행하는 것이라 손실 또는 손해를 보전하기 위해 시행하는 제도가 아니기 때문이다.

#저는그럼누구에게보상받나요

& 체크해 보아요!

*과실비율이란?

자동차사고 과실비율은 교통사고 발생 시 가해자와 피해자의 책임 정도를 나타내는 지수다. 과실비율에 따라 보험회사에서 지급받는 보험금이 달라지기 때문에 사고당사자 간에는 매우 민감하고 중요한 사항이다. 한쪽의 과실비율을 낮추면 상대방의 과실비율이 높아지기 때문에 분쟁과 민원이 잦다. 손해보험협회는 교통사고 관련 과실비율에 대한 국민들의 이해도를 높이기 위해 과실정보 포털사이트인 '과실비율 분쟁심의위원회'를 운영 중이다. 과실비율 분쟁심의위원회는 보험사를 포함한 교통사고당사자 간 과실분쟁 소송을 줄이기 위해 손해보험협회 내에 설립된 중립기구다. 자동차보험 사고접수 건에 대해 과실분쟁 발생 시 30명의 전문변호사가 절차에 따라 합리적인 과실비율을 심의 · 결정한다. 각 교통사고사례에 맞는 정밀검색서비스를 제공한다.

꼼수 부리면 손해 봐요
— 손해방지비용

서울의 한 구축아파트에 살고 있는 이태오 씨(가명)는 얼마 전 화장실에서 누수가 발생해 아랫집에 수리비용을 물어줘야 하는 상황에 처했다. 수리업체를 통해 확인해보니 화장실방수층이 파손돼 누수가 생겼고, 이 때문에 아랫집에 침수피해가 발생했다고 했다. 견적은 총 500만 원가량 나왔다. 다행히 이 씨는 일상생활배상책임보험에 가입된 상태라 수리비를 보상받을 수 있어서 안도했다.

그런데 이 씨가 보험에 가입됐단 이야기를 들은 수리업체 직원은 아랫집을 수리하는 김에 이 씨 집의 오래된 화장실도 리모델링하면 이것도 '손해방지비용'이라는 항목으로 함께 보험금을 받을 수 있다며 수리를 제안했다. 안 그래도 오래된 화장실이 불편한 게 많았던 이 씨는 수리업체 직원의 말에 솔깃해져서 약 1,500만 원을 들여 화장실을 그야말로 '올수리'했다. 과연 일상생활배상책임보험을 통해 2,000만 원을 모두 보상받을 수 있을까.

일상생활배상 책임보험이란 일상생활 중 우연히 발생한 사고로 인해 타인의 신체에 장해 또는 재물에 손해를 입혀 법률상 손해배상책임이 발생하는 경우 이를 보상해 주는 보험이다. 누수로 인한 아랫집 침수피해 수리비용 500만 원은 타인의 재물에 입힌 손해에 해당해 보상받을 수 있다.

하지만 리모델링에 가까운 이 씨 본인 집 화장실 수리비용은 명확한 보상대상이 아니다. 이 보험의 약관에는 '보험사고 발생 시 계약자 또는 피보험자는 피해자에 대한 응급처치, 긴급호송 또는 그 밖의 긴급조치 등을 포함하는 손해의 방지 또는 경감을 위해 노력해야 한다'는 '손해방지의무'를 규정하고 있다. 이를 위해 지출한 '손해방지비용' 역시 보상하는 손해에 해당한다.

언뜻 보면 누수로 인한 손해방지 또는 경감을 위해 낡은 화장실을 수리한 것이니 보상받을 수 있다고 생각할 수 있다. 하지만 그동안 법원판례 등에 따르면 약관상 손해방지비용이란 이미 발생한 보험사고라는 '결과'로 인해 진행 중인 손해에 한정해 그 손해의 확대를 막기 위한 목적의 비용을 의미한다. 사고 이후 다시 사고가 발생할 것을 예방하기 위해 보험목적물(자택)을 수리하는 등 사고의 '원인'을 제거하는 손해예방 목적의 비용까지 포함하는 건 아니라는 것이다.

예를 들어 화재가 발생했을 때 불이 옆집으로 번지는 것을 막기 위해 긴급하게 소화기로 진화하는 행위는 손해방지의무를 이행한 것으로, 이때 발생한 소화기 충전비용은 손해방지비용에 해당된다. 하지만 전기누전으로 작은 화재가 발생한 건물의 건물주가 또다시 화재가 발생할 것을 걱정해 건물의 전기설비 일체를 새것으로 바꾸거나 점검하는 것은 앞으로 재발할 손해를 예방하는 목적의 비용이지 손해방지비용에 해당하지 않는다.

누수사고에서의 손해방지비용도 긴급하게 상하수관의 밸브를 잠그거나 누수로 인해 물이 아래층으로 계속해서 내려가 침수손해가 확대되는 것을 막기 위한 인건비, 배수펌프대여비 등의 비용에 한정된다. 이 씨처럼 누수의 원인을 제거하기 위해 손해예방 목적으로 화장실을 리모델링하는 등 피보험자의 자택수리비용까지 손해방지비용에 해당되지 않는다.

최근 일부 수리업체들이 손해방지비용 명목으로 보험금을 청구할 수 있다며 수리비용을 과다청구하는 모럴해저드(도덕적해이) 사례가 종종 발생하고 있다. 하지만 판례에서는 손해방지비용의 범위가 명확해지고 있는 추세다. 최근 법원의 판례에서도 '보험목적물(자택)의 수리는 비록 그로 인해 간접적으로 손해가 방지 또는 경감된다고 하더라도 보험자가 그 비용을 부담해야 하는 손해방지행위에 포함되지 않는다고 봄이 타당하다'고 판시했다.

현실적으로도 수도권지역 아파트의 평균연식이 20년 가까이 된 상황에서 누수사고의 원인을 제거하는 손해예방 목적의 수리비까지 손해방지비용으로 인정된다면 대다수 아파트의 배관 노후화 등에 따른 수리비용 모두를 일상생활배상 책임보험에서 보상해 주게 돼 보험본연의 목적과 취지에 어긋난다. 즉 일상생활배상책임보험은 피보험자가 타인에게 끼친 손해에 대해 보상해 주는 것이 본질적인 목적과 취지다. 자택 리모델링수리비용까지 보상해 주기 위한 목적의 보험이 아닌 것이다.

#손해예방은손해방지비용인정안돼요

& 체크해 보아요!

***보험계약자의 주요의무는?**

보험계약자는 크게 7가지의무가 있다. ▲보험료납입의무 ▲계약 전 알릴의무(고지의무) ▲계약 후 알릴의무(통지의무) ▲보험사고 발생을 알릴의무 ▲손해방지의무 ▲위험변경·증가 통지의무 ▲위험유지의무다. 이중 손해방지의무는 보험계약자와 피보험자가 보험사고발생 시 적극적으로 손해의 방지와 경감을 위해 노력해야 한다는 취지다. 사고가 나는 것 자체를 방지해야 하는 것까지는 아니지만 손해방지의무를 게을리했다면 이로 인해 늘어난 손해에 대해서는 보험사가 보상하지 않는다. 손해방지의무는 보험계약자와 피보험자 모두 의무를 갖는다.

저, 당한 건가요?

— 보험사기

보험금이 뭐기에

이 좁은 나라에서 한 해 보험사기로 적발되는 인원만 10만 명, 적발금액만 9,000억 원에 달한다고 한다. 매년 적발인원, 적발금액이 최고치를 경신한다. 전국 각지에서 크고 작은 보험사기가 엄청나게 벌어지고 있다는 얘기다. 이번 책을 쓰면서 보험사기 자료와 기사들을 많이 찾아봤다. 돈이 뭐기에, 보험금을 타내려고 자신의 두 눈을 못으로 찌르기도 하고 열차가 달려오는 철로에 손을 올려놓고 절단한 일도 있다. 무엇보다 보험금 때문에 가족이나 타인의 생명을 앗아간 사건들이 큰 충격을 줬다. 여러 방송에서도 소개됐던 '역대급' 사건 몇 가지를 소개해

보려 한다.

최근 몇 년간 가장 많이 회자된 보험사기 관련사건은 '캄보디아인 아내 사망사건'이다.

때는 2014년으로 거슬러 올라간다. 인적 없는 새벽 충남천안 인근 경부고속도로에서 남편 A 씨가 운전하던 차량이 비상정차대에 주차돼 있던 8톤트럭 후미를 추돌하는 사고가 났다. 이 사고로 조수석에 타고 있던 외국인 아내 B 씨가 사망했다. 흔한 교통사고인 줄 알았던 이 사건은 이후 당시 임신 7개월이었던 B 씨의 사망을 담보로 총 95억 원에 달하는 보험계약이 돼 있다는 것이 알려지며 세간에 화제를 모았다. B 씨의 뱃속에 아이까지 있었던 터라 보험금을 노린 비정하고 고의적인 살인인지를 두고 보험업계는 물론 법조계에서도 논란이 컸다.

검찰은 A 씨가 보험금을 노리고 고의로 사고를 내 아내를 죽였다고 주장했다. A 씨는 부인했다. 과도한 업무로 인한 졸음운전이라고 항변했다. 2015년 1심에서는 '고의사고가 의심되지만 직접증거가 없다'라며 살인에 대해 무죄가 선고됐다.

하지만 2년 후 2심에서는 결과가 뒤집혔다. A 씨의 살인혐의에 대해 무기징역이 선고된 것이다. A 씨가 월 보험료 360만 원에 달하는 고액의 보험에 여러 개 가입한 것과 B 씨의 사망 후 화장을 서두른 점, 사고 직전 A 씨가 차량의 조향장치를 조작했다는 점 등이 근거가 됐다. 그러나 2021년 3월 대법원의 파기환송 상고심에서는 1심과 같이 직접증거 부족 등의 이유로 살인에 대해 다시 무죄가 선고됐다.

A 씨는 현재 보험사들을 상대로 보험금지급 청구소송을 제기한 상태다. A 씨가 피보험자를 아내 B 씨로 하고 수령인을 본인으로 해 가입한 생명보험만 해도 11개 보험사에 총 25개에 달한다. A 씨가 보험금 95억 원을 받으려면 민사소송에서 최종승소해야 한다. 민사소송도 대법원까지 갈 가능성이 높다. A 씨는 보험을 가입한 생명·손해보험회사들과 보험계약무효확인 소송을 진행 중인 것으로 알려졌다. 법원이 사건발생 전 A 씨의 보험계약을 비정상적 계약으로 보고 무효판단을 내린다면 A 씨는 보험금을 탈 수 없다. 또는 일부만 지급하라는 결정을 내릴 수도 있다.

민사소송에서는 보험가입시기와 가입 당시 A 씨의 경제여건, A 씨의 졸음운전이 보험금을 지급하지 않아도 되는 중대한 과실인지, A 씨가 보험금을 부정취득할 목적이 있었는지 여부 등을 다투게 된다. 만약 A 씨가 소송에서 이긴다면 상속세를 제외하더라도 보험금 전액에 지연이자까지 더해져 총 100억 원 이상을 받게 될 것으로 보인다.

비슷한 사례로 '여수금오도 사건'도 있다. 2018년 C 씨가 여수시 금오도의 한 선착장에서 승용차 조수석에 타고 있던 중 바다에 빠져 사망한 사건이다. 보험설계사였던 남편 D 씨는 사고 직전 고액의 사망보험에 집중가입한 것이 드러나 C 씨의 추락경위와 계획성 등 보험금을 노린 살인혐의가 인정돼 구속기소됐다. 사망 직전 C 씨는 자신의 사망을 담보로 총 3개 보험회사에서 4개 상품에 가입했다. 보험금은 총 12억 5,000만 원 규모다.

여러 정황도 석연치 않았다. D 씨는 당시 1억 2,500만 원의 빚을 지는 등 경제적으로 어려움을 겪은 것으로 알려졌다. 또 C 씨는 처음 보험에 가입했을 때 수익자를 본인 또는 법정상속인으로 정했지만, 사망 직전에 수익자를 D 씨로 변경했다. C 씨의 법정상속인은 이혼 전에 출생한 자녀 2명과 남편 D 씨로 공동상속이었지만 수익자가 바뀌면서 C 씨의 자녀들은 보험금을 타지 못하게 된 것이다.

1심에선 정황증거 등을 인정해 살인죄로 D 씨에게 무기징역이 선고됐다. 하지만 2심은 현장검증을 통해 살인에 대해서는 무죄로 보고 대신 과실치사죄로 금고 3년을 선고했다. 이후 대법원은 원심을 확정했다. D 씨의 행동에 의심스러운 정황은 있지만 D 씨가 승용차를 밀어 C 씨를 추락시켰다는 직접증거가 없다는 이유에서다. C 씨도 현재 보험사들과 보험금지급 여부를 놓고 민사소송을 벌이고 있다.

앞서 2012년에 발생한 '의자매 독초 극단선택 방조 사건'은 형사소송에서 무죄 판결을 받고도 보험금을 다 받지 못한 경우다. 무속인이던 E 씨는 의자매 사이로 지내던 F 씨에게 '세상 사는 게 힘드니 함께 죽자'며 사망보험가입을 유도했다. 2개 상품에 사망보험금만 약 30억 원에 달했다. 이후 3주 만에 F 씨가 한 모텔에서 독초를 먹고 자살했고, E 씨는 보험사기 및 자살방조 등의 혐의로 기소됐으나 2014년 무죄판결을 받았다.

하지만 민사법원은 E 씨가 보험금을 부정취득할 목적이 있었다고 인정하면서 F 씨가 사망 3주 전 가입한 종신보험계약을 무효로 판결했다. F 씨가 경제적으로 어려운 상황에서 자신의 소득절반 가까이나 되는 월 100만 원 이상의 보험료를 낸 점과 보험에 가입한 직후 독초를 주문하고 수익자를 E 씨로 변경한 점 등을 보면 이미 보험금을 노린 고의적 사고였다고 볼 수 있다는 것이다. 다만 거액의 종신보험 이전에 가입한 보험에서는 사망보험금 1억 원을 지급하라고 했다.

고액의 사망보험금을 노린 보험사기 혐의자는 대부분 가족이 많고, 그중에서도 배우자의 비중이 가장 높다. 실제로 금융감독원이 고액사망보험금을 노린 보험사기(피보험자 30명, 204건) 특성을 분석한 결과에 따르면 혐의자 중 배우자는 40%로 비중이 가장 컸다. 본인이 허위실종이나 사망을 신고한 경우는 26.7%, 부모·기타 가족은 16.7%로 가족관계(83.4%)에서 일어난 사고가 대부분이며, 기타 고용관계나 지인 등은 16.6%를 차지했다.

사망사고원인은 교통사고(30%)가 가장 많았다. 약물·흉기 등을 이용한 살인(26.6%), 허위실종·허위사망(23.4%), 화재 등 재해사망위장사고(13.3%) 등의 순으로 조사됐다. 사고장소는 교통사고 등이 발생한 도로(33.3%)가 가장 많고, 주거지역(23.2%)이나 허위실종 등이 발생한 바닷가(16.7%)에서도 잦았다.

사고 당시 피보험자가 유지 중인 보험계약은 평균 6.8건으로, 매월 109만 원(연간 1,308만 원)의 고액보험료를 납부한 것으로 조사됐다. 이는 국민 평균 연간보험료(249.6만 원, 2010년 기준) 대비 5.2배에 달한다. 피보험자 1인당 평균 가입보험사는 4개 사이며, 최대 14개사에 분산가입했다. 전체 피보험자(30명)의 70%(21

명)는 사고 전 6개월 이내 다수보험에 집중가입(평균 4.3건)했고, 76.6%(23명)는 가입 후 1년 이내 단기간에 보험사고가 발생했다.

피보험자별로 사망 시 50%(15명)는 10억 원 이상 고액의 사망보험금이 지급되도록 가입했고, 5억 원 이하는 23.3%(7명), 5억 원 초과 10억 원 이하는 26.7%(8명)으로 나타났다. 계약건 별로는 총 204건 중 5억 원 이상 고액은 5.4%(11건)에 그친 반면 1억~5억 원은 44.6%(91건), 5,000만 원 이하는 28.6%(59건)로 다수계약에 분산가입하는 행태를 보였다.

보험사기 발생가능성을 낮추기 위해서는 사망보험금을 노린 계약을 가입 전에 차단할 수 있도록 보험사 스스로 재정심사를 강화해 소득대비 과도한 보험계약체결을 제한할 필요가 있다. 또 보험사기 발생가능 청약건에 대한 적부심사비중을 확대하고 특히 다수의 고액 사망보험 계약건은 반드시 적부심사를 실시하도록 관계자들이 모두 힘써야 한다.

#고액의사망보험금을노리는사람이가족?

공짜의 유혹, '덜컥' 물었다가 보험사기범으로 '철컹'

직장인 최상범 씨(가명)는 최근 잦은 야근과 스트레스로 몸이 안 좋아졌다. 회사근처에 있는 A병원을 찾았는데, 병원에서는 피부진정에 도움이 된다며 일명 '칵테일주사'라고 불리는 비타민영양수액을 권유했다. 생각보다 비싼 주사비에 최 씨가 망설이자 병원측은 "실비보험이 있느냐"라며 보험회사에 청구하면 보험금이 나오니 '사실상 공짜'라며 주사 맞기를 부추겼다. 마침 실비보험이 있던 최 씨는 공짜라는 말에 혹해 주사를 맞았다.

미용이나 건강 목적의 치료는 보험수가가 정해져 있지 않은 비급여항목이기 때문에 실손보험으로 보장되지 않는다. 병원도 이 같은 사실을 잘 알고 있지만 마치 치료목적으로 영양제를 처방한 것처럼 허위 진료확인서를 작성해줬다. 보험금을 탄 최 씨는 이후 지인 6명에게 이 같은 사실을 알렸다. 자기부담금으로 1만~2만 원을 냈지만 대부분 보험처리가 됐기 때문에 진짜 병원의 말처럼 공짜로 여겨졌기 때문이다. 일행들은 최 씨의 말을 들은 뒤 함께 서로 병원정보를 공유하며 비싼 미용주사를 맞는 데 동참했다. 이들은 총 500여만 원의 보험금을 타냈다.

흔히 보험사기라고 하면 전문사기꾼들이 가담해 치밀한 계획 하에 이뤄지는 지능적인 범죄라고 생각하기 쉽다. 영화 '범죄의 재구성'처럼 서로 속고 속이는 식 말이다. 하지만 최 씨의 경우처럼 본인이 보험사기를 저지르고 있다는 사실조차 모른 채 일상속에서 범죄를 저지른 후 심각한 경우 입건이 되거나 때로는 법적 처벌을 받는 경우도 많다. 이를 연성보험사기라고 부른다. 흔히 전문사기꾼이 가담한 명백한 범죄행위가 아닌 허위·과다 입원, 자동차보험의 피해과장 등이 연성사기에 해당한다.

가장 대표적인 사례가 '실손보험 부당청구'다. 일상에서 자주 일어나는 일이라 별일 아닌 것처럼 보이지만 엄연한 보험사기다. 보장이 안 되는 사실을 알면서도 허위로 진료확인서를 끊어

준 병원이나 이를 이용해 보험금을 탄 환자, 모두 형사처벌 대상이다. 허위진단서로 보험금을 수령할 경우 보험사기방지 특별법에 의해 10년 이하의 징역 또는 5,000만 원 이하의 벌금에 처해질 수 있다.

최 씨와 비슷한 사례는 또 있다. 이진한 씨(가명)는 영업직이라 술자리가 잦아 힘들어하던 중 직장동료로부터 숙취해소에 도움을 준다는 B병원을 소개받았다. 병원에서는 "다 보험처리되니까 비용은 걱정할 필요 없다"라며 술 마신 다음 날 뿐 아니라 야근한 다음 날에도 와서 영양주사를 맞으라고 권했다. 이 씨는 한번 주사를 맞은 후 직장동료들에게 이런 내용을 '꿀팁'이라고 공유했고, 술을 마신 다음 날엔 병원을 찾아 영양수액을 맞았다. 병원은 그때마다 허위진단서를 발급해 줬다. 소문은 순식간에 회사 전체에 퍼져 어느새 동료 50여 명이 보험사기에 가담했다. 이 씨와 직장동료들이 영양주사를 맞으면서 챙긴 보험금은 무려 3,700만 원. 심각한 범죄인지 모르고 보험사기에 가담한 이 씨는 결국 사기죄로 벌금형을 선고받았다.

성형수술을 하려다 보험사기에 연루되는 경우도 있다. 평소에 사각턱 때문에 외모고민이 많던 전지민 씨(가명)는 여름휴가를 이용해 성형수술을 받으려고 C성형외과에서 상담을 받았다.

상담 결과 수술비용은 총 500만 원. 비쌀 거라고 예상했지만 막상 결정을 하려니 만만치 않은 가격이라 망설여졌다. 아직 사회초년생이라 비용이 부담된다고 털어놓자 상담실장은 실손보험 가입 여부를 물었다. 성형수술비를 '도수치료' 비용으로 돌릴 수 있다는 것이다. 도수치료는 손으로 근육이나 뼈 등을 마사지하는 치료다. 성형수술과 무관한 치료지만 병원에서는 전 씨가 한 번에 25만 원짜리 도수치료를 총 20회 받은 것으로 하면 50만 원만 내고 수술을 받을 수 있다고 했다. 전 씨는 꺼림칙했지만 병원이 먼저 권했고, 무엇보다 적은 돈으로 성형수술을 할 수 있다는 말에 혹해 병원의 제안을 받아들였다.

약물치료나 수술 없이 맨손으로 근육과 뼈를 만져 통증을 완화시키는 도수치료는 건강보험 급여혜택을 받지 못하는 비급여항목이라 비용이 일반 치료에 비해 비싼 편이다. 건강보험심사평가원으로부터 심사도 받지 않는데, 일부 병원에서는 이를 악용해 보험금을 허위로 청구하는 사례가 끊이지 않고 있다.

특히 최근에는 정형외과, 신경외과 외에도 도수치료와 상관이 없을 듯한 피부과나 성형외과, 일반 의원까지 이런 진료행태가 퍼지고 있다. 문제는 이것이 허위진료가 명백한 보험사기라는 점을 잘 모르고 있다는 점이다. 의료진이 구속되는 것은 물론 단순히 병원비를 아껴보겠다는 생각으로 동참한 환자들에게도 벌금형 이상의 실형이 내려질 수 있다. 실제로 C병원은 보험사기로 적발돼 현재 폐업했고, 의료진과 시술을 받은 환자들은 재판을 받고 있다.

보험사들은 도수치료로 인해 발생하는 여러 가지 문제점을 인식해 상품을 개정했다. 최근에 판매되는 실손보험은 도수치료를 받으려면 별도로 특약을 가입해야 보장받을 수 있으며, 횟수 등도 제한해 남용을 막고 있다. 하지만 기존에 이미 실손보험에 가입한 가입자들이 많아 주의를 기울이지 않으면 자신도 모르는 사이 보험사기에 휘말리게 될 수 있다. 허위진료나 과잉진료로 보험금을 부당청구하는 병원은 대부분 실장으로 불리는 코디네이터를 고용하고 실손보험가입 여부 등을 확인한 후 '자기부담금은 ○○만 원에 불과하다'며 도수치료를 강요하는 방식을 쓴다.

'남들도 일상적으로 하는 일이고, 병원에서도 괜찮다고 했으니 문제없겠지'라는 안이한 생각으로 연성보험 사기에 가담하는 일이 없도록 경각심을 가져야 한다.

#나하나는괜찮겠지란생각이가져온결과

보험사기, 실패해도 처벌된다고?

자신도 모르는 사이 보험사기에 연루되는 '공짜의 유혹'은 아무래도 병원에서 제일 흔하게 일어난다. 하지만 병원이 아닌 곳이라고 해서 안심해선 안 된다.

직장인 김기범 씨(가명)는 얼마 전 자주 찾는 동네세차장을 갔다가 가끔 대화를 나누던 세차장 사장으로부터 솔깃한 제안을 들었다. 차량 이곳저곳을 봐주던 세차장 사장은 김 씨 차량에 경미한 파손을 당한 것처럼 위장해 줄 테니 보험회사에 허위로 사고신고를 해달라고 했다. 세차장 사장은 자신이 크레파스로 감쪽같이 위장했다 지워주고, 앞으로 세차와 코팅 등을 무료로 서비스해 주겠다며 다른 허위신고 차량들의 사진을 보여줬다. 별일 아니라는 세차장 사장의 말에 넘어가 허위신고를 한 김 씨는 얼마 후 세차장 사장과 함께 보험사기혐의로 검찰에 송치됐다.

보험사기가 날로 지능화되면서 이렇듯 일상생활 곳곳으로 파고들고 있다. 평소 누구나 쉽게 이용하는 세차장, 정비업체, 구인사이트 등에서 일반인을 대상으로 한 보험사기 유혹이 넘쳐난다. 공짜서비스나 현금을 바로 손에 쥘 수 있다는 말에 혹해 본인이 무슨 일을 저질렀는지도 모른 채 '보험사기범'이 된 사례도 부지기수다.

경제적으로 어려운 취업준비생도 쉽게 보험사기공범이 된다. 취업준비생 문승범 씨(가명)는 구인사이트에서 운전만 해주면 하루에 70만 원을 벌 수 있다는 말에 덥석 운전대를 잡았다 보험사기범이 되었다. 문 씨는 하루 운전해주고 70만 원이면 '꿀알바'라고 생각하고 나갔지만 알고 보니 단순한 운전이 아니었다. 문 씨가 약속한 신호에 따라 차선을 급히 바꾸고 달아나면 뒤따라오던 공범차량이 급브레이크를 밟아 후행차량의 추돌사고를 유발하는 이른바 '칼치기 보험사기'에 연루된 것이다. 취업준비생 양만호 씨(가명)도 차에 타기만 하면 30만 원을 준다는 말에 넘어가 문 씨가 운전하는 차에 동승했다 함께 검찰에 송치됐다.

최근에는 10대들까지 배달 오토바이를 이용해 보험사기에 가담하는 비율이 높아지고 있다. 차선변경차량을 대상으로 고의로 사고를 유발한 후 보험금을 타내는 식이다. 오토바이사고는 자칫 큰 인명사고로 이어질 수 있는데도 청소년들이 용돈을 벌겠다며 범죄행위에 아무런 죄의식 없이 가담하는 것이다.

이렇게 해마다 연성사기가 급증하며 전체 보험사기 규모를 끌어올리고 있는데도 국민들이 이에 대한 경각심을 크게 느끼지 못한다. 인식자체가 아직도 너그러운 편이다. 보험연구원이 2017년 실시한 설문조사에 따르면 국민 중 절반이 넘는 53.5%가 "연성사기를 목격한 경험이 있다"라고 응답했지만 "보험사기범으로 처벌해야 된다"라고 답한 비율은 32%에 불과했다.

가벼운 접촉사고 후 병원에 입원하지 않아도 되는 상황에서 병원에 하루 이틀 입원하는 사람에 대해 처벌해야 하는지를 물었더니 68%가 '아니오'라고 응답했다. 오히려 접촉사고가 났는데도 병원에 가지 않으면 '드러누울' 수 있는 기회를 놓쳤다며 바보라는 소리를 듣기 십상이다.

하지만 이들처럼 보험사기 제안을 아무런 의심 없이 받아들이면 일반인도 형사처벌 등 다양한 불이익을 받게 된다. 특히 2016년부터 '보험사기방지특별법'이 시행되면서 보험사기범에 대한 처벌이 한층 강화됐다. 기존에는 보험사기도 형법상 사기죄로 처벌을 받아 10년 이하의 징역이나 2,000만 원 이하의 벌금형을 받는데 그쳤지만, 지금은 10년 이하의 징역 또는 5,000만 원 이하의 벌금형에 처해진다. 보험사기 미수범도 처벌을 피할 수 없고, 조직적 사기에 연루되면 처벌수위는 더 높아진다.

이 밖에 보험사기에 가담하면 보험계약해지, 보험금환수, 금융질서문란자 등록 등의 불이익을 받게 된다. 특히 금융질서문란자로 등록되면 각종 금융거래를 할 때 해당 사실이 조회되어 상당기간 거래가 힘들어진다. 식상한 말이지만, '꼬리가 길면 잡히고, 세상에 공짜는 없다'.

#꼬리가길면잡히고공짜는없다

정액형보험, 보험사기 표적이 되는 이유

최근 연성보험사기가 기승을 부리면서 보험사기에 실손보험이 악용되는 사례가 늘었지만 사실 보험사기의 원조표적은 정액형보험이다. 실손보험과 달리 정액형보험은 중복으로 가입해도 사고가 발생하면 정해진 금액을 보장하기 때문이다. 실손보험은 비례보상 방식이라 여러 개 가입했어도 실제 들어간 비용만큼을 각 보험사가 나눠서 보상한다.

최진혁 씨(가명)는 10년 전 자동차바퀴에 발가락이 깔리는 사고가 나 정형외과에 입원했다. 당시 옆침대에 누운 환자는 한눈에 봐도 '나일론환자'였다. 그는 자신이 여러 개의 보험에 가입했다며 입원보험금이 많이 나와서 생활비로 쓰고 있다고 자랑처럼 말했다. 당시 생활고에 시달리던 최 씨는 그의 말에 귀가 솔깃해졌다. 입원보험금은 중복해 받을 수 있기 때문에 여러 보험사에 보험을 들고 오래 입원하면 보험금을 많이 타낼 수 있다는 것이 옆자리 환자의 설명이었다. 최 씨는 마치 큰 깨달음이라도 얻은 것처럼 퇴원하자마자 설계사를 소개받아 입원보험금 위주로 무려 9개 보험에 가입했다. 그는 이후 약 8년간 입원치료가 필요하지 않음에도 불구하고 장기간 병원에 입원하면서 약 3억 원의 보험금을 타냈다. 입원기간만 450일에 달할 정도로 입원과 퇴원을 반복했다. 최 씨는 결국 허위로 입원보험금을 타낸 혐의로 재판에 넘겨져 징역 2년을 선고받았다.

보험의 입원보장은 병명을 구분하지 않고 질병이나 재해로 입원했을 때 입원보험금을 지급하기 때문에 보험금을 과다청구하거나 심하면 최 씨의 사례처럼 보험사기로 이어지는 경우도 많다.

일반적으로 생명보험사에서 판매하는 입원보장은 동일질병으로 입원할 경우 최대 120일까지 보험금을 지급하고 더 이상 보장이 되지 않다가 180일이 지나면 새롭게 120일을 보장한다. 손해보험사는 현재 최대 180일까지 입원일당을 지급하고, 180

일이 경과하면 새로운 질병으로 보고 새롭게 보장한다. 회사별, 가입시기별로 기준이 다르긴 하지만 많게는 하루에 10만 원 이상 보장받을 정도로 여러 보험에 가입한 사람들도 있다.

특히 치료비의 상당액을 보상해 주는 실손보험이 보편화된 이후 실손보험에 가입한 후 정액보험을 함께 가입해 보험을 통해 초과이익을 얻으려는 모럴해저드(도덕적해이)가 자주 발생하고 있다. 입원치료가 필요치 않는 만성질환이나 상태가 심하지 않은 질병임에도 과도하게 입원한 후 실제입원비는 실손보험을 통해 받고 입원보장을 하는 정액형보험을 통해 보험금을 따로 챙기는 것이다. 120일 한도를 모두 채워 입원한다고 가정하면 하루에 10만 원을 보장받는다고 할 때 총 1,200만 원의 보험금을 받을 수 있는 셈이다.

허위입원으로 인한 보험금청구와 보험사기가 늘자 금융당국은 2016년 회사별로 운영되는 입원보장 가입한도 금액의 편차를 최소화하고, 업계누적 입원보험금 한도도 5만 원 수준으로 통일하도록 권고했다. 이에 따라 대부분 보험사들은 업계 전체에서 가입할 수 있는 입원보험금의 한도를 내부적으로 정해놓고 타사에 가입된 보험가입 내역을 고려해 입원보험금이 과도하게 설정된 경우 가입을 거절하기도 한다. 간혹 특정 보험사에 보험가입을 한 적이 없는데도 가입 시 한도가 초과됐다는 안내를 받는다면 다른 보험사에 가입된 보험이 누적한도에 합산된 것으로 보면 된다.

일반적으로 현재 업계 누적 입원보험금 한도는 5만 원 내외로 운영되고 있어 사실상 중복가입이 쉽지 않아졌다. 다만 새롭게 보험가입을 하는 고객에게만 해당되는 것이기 때문에 과거에 이미 여러 개 보험에 가입한 사람들은 여전히 중복보장을 받고 있다는 점이 문제다.

보험사들은 입원보장 외에도 보험사기의 표적이 될 수 있는 사망보장, 수술비보장 등 정액형보험상품 전반에 대한 가입한도 관리를 점차 확대하고 있다. 보험계약정보를 집중관리하는 기관인 한국신용정보원의 담보분류에 근거해 타사의 보험계약도 전체 보험가입금액에 합산해 한도를 정하는 것이다. 보험사들은 특정 보장을 짧은 기간에 집중적으로 과도하게 가입하는 경우 보험사기 가능성이 있다고 보고 가입 시 언더라이팅(인수심사)을 더 까다롭게 하고, 필요한 경우 인수를 거절하기도 한다.

#나일론환자의허위입원은보험사기

설계사, 보험사 직원이 더 조심해야 하는 이유

최근 보험사기의 또 다른 특징 중 하나는 전·현직 보험설계사와 손해사정사 등 업계 관계자들이 연루된 사건이 늘고 있다는 것이다. 실제로 이른바 '사무장병원' 등을 중심으로 병원장과 환자가 공모해 입원기간, 질병상태를 조작하는 방식으로 거액의 보험금을 챙기거나 손해사정사, 전직 보험설계사 등이 가담해 진단서 등을 위조하는 방식으로 보험사기를 치는 사례가 대거 적발됐다. 보험을 잘 아는 사람들이 맹점을 악용해 범죄에 가담한 것이다.

이에 따라 '보험사기방지특별법'을 개정해 보험사기에 연루된 업계관계자에 대한 처벌을 강화해야 한다는 목소리가 커지고 있다. 현재 시행중인 보험사기방지특별법은 국회의 강한 반대를 겪으며 제정되는 과정에서 핵심이 되는 조항이 삭제되기도 하고 논의과정에서 누락돼 포함되지 못한 내용도 많다. 당초 특별법 제정 시 국회에서는 이 법안이 전 국민을 잠재적인 범죄자로 만들 소지가 있다며 반대하는 의견이 많았다. 소비자 보호 관련사항에 대한 추가논의가 필요하다는 이유로 3번의 고배를 마셔야 했다.

보험업계에서는 우선 법안을 통과시키는 것이 시급하다고 판단해 국회와 조율하는 과정에서 요구사항을 대거 수용했다. 이에 따라 부당보험금 환수조항 등이 삭제됐고, 보험사기에 연루된 보험업계 관계자에 대한 가중처벌조항이 빠졌다. 보험사기 적발 시 부당하게 지급받은 보험금을 곧바로 환수해 범죄로 인한 경제적인 이득이 없다는 점을 명확히 보여줘야 하는데, 보험금을 환수할 수 없어 각종 소송 등을 통해 반환하기까지 오랜 시간이 걸리다 보니 돈을 은닉할 가능성이 커졌다. 보험사기 적발액이 9,000억 원에 달할 정도로 해마다 최고치를 기록하고 있지만 환수율은 10% 남짓으로 미미하다. 개인 간 보험사기보다 질이 나쁜 병·의원, 정비업체, GA(법인대리점), 보험설계사 등 업계 관계자 등이 연루된 보험사기에 대한 대응이 제대로 이뤄지지 않는 것도 문제다.

금융당국과 여당(당정)은 이 같은 문제를 해결하기 위해 보험사기 특별법개정안을 입법발의한 상태다. 통과하면 보험설계사·의료계·정비업체 등 보험업 관련 종사자는 처벌이 강화된다. 기존 보험사기 벌금이 '5,000만 원 이하'라면, 앞으로 보험업 관련 종사자의 벌금은 '1억 원 이하'로 대폭 확대된다.

뿐만 아니라 보험업계 내부에서도 보험사기 등에 연루된 보험설계사를 '손절'하는 분위기다. 앞으로 보험사기에 연루된 설계사가 징계받은 사실을 숨기고 다른 보험회사나 GA(법인대리점)로 이직하지 못한다. 지금까지는 금융당국으로부터 받은 제재가 확정된 후에 업계에서 해당 설계사의 징계 여부를 공유할 수 있지만, 앞으로는 자체 징계정보도 조회할 수 있게 시스템을 바꾼다.

생명·손해보험협회는 '이클린(E-clean) 보험서비스'를 통해 보험업권이 보험사기 등을 저지른 설계사에 대한 자체 징계정보를 취합하고 조회할 수 있도록 시스템을 개정하고 있다. 이클린서비스는 설계사의 ▲활동기간 ▲계약건수 ▲불완전판매건

수 ▲금융위원회의 행정제재 이력 등 보험모집에 관한 경력을 제공하는 시스템이다. 보험사뿐 아니라 GA나 소비자도 조회해 볼 수 있다.

통상 설계사가 보험사기나 모집질서 위반 등으로 금융감독원의 조사를 받은 후 금융위원회의 행정제재가 확정되면 금융위는 관련 내용을 생명·손해보험협회에 통보한다. 양 협회는 징계 관련 내용을 모집조직통합관리 시스템에 입력해 업계가 이를 조회하는 방식으로 징계받은 설계사를 가려낸다.

문제는 금융위의 행정제재 처분까지 걸리는 시간이 상당하다는 데 있다. 보통 짧게는 6달에서 길게는 1년가량 소요되는데, 이 기간에 문제를 일으킨 설계사들이 미리 다른 보험사나 GA로 옮겨서 징계경력을 속이고 보험사기를 다시 저지르는 일이 빈번하다. 행정제재 처분이 내려져 실제 모집조직통합관리 시스템에 입력되기까지 보험사들이 징계 여부를 확인하기 어렵다는 점을 악용한 것이다.

하지만 해당 시스템구동이 본격화하면 보험사기 설계사를 시장에서 신속하게 퇴출할 것으로 보인다. 다만 징계 여부 조회는 설계사가 정보제공에 동의해야 하는데, 문제를 일으킨 설계사들이 협조하지 않을 수 있다는 것이 맹점이다. 양 협회는 당국의 제재확정 전에 각 사별로 징계가 이뤄지는 시점에 의무적으로 정보제공 동의를 받을 예정이다. 금융당국의 행정제재 이전에 각 보험사나 GA에서 징계 대상 설계사에 대해 제재심의위원회 등을 열어 처벌을 하기 때문에 이 과정에서 정보제공동의서 서명의무화를 추진하는 방식이 유력하다. 이렇게 되면 행정제재를 받았는데도 설계사가 정보제공에 동의하지 않아서 징계 여부가 공개되지 않는 일이 차단된다.

#보험사기에연루되면무조건손절

그래서 나는 보험을 마스터합니다

— 법과 보험

오늘도 법정에서 다투는 이유
— 고지의무

자영업자인 김석주 씨(가명)는 오갈 데가 마땅치 않던 이서원 씨(가명)를 거둬서 자신의 가게에서 일하게 했다. 이 씨는 어릴 때 가출해 집을 나온 후 여기저기 떠돌며 일용직으로 일하다 김 씨의 가게에서 자리를 잡고 몇 년째 일하면서 김 씨를 아버지처럼 따랐다. 그러던 어느 날 이 씨의 건강상태가 좋아 보이지 않자 김 씨는 이 씨를 피보험자로한 보험에 가입했다. 보험료는 다 본인이 낼 테니 염려하지 말라고 했다. 김 씨는 이 씨가 질병에 걸려 사망할 경우 보험금 2억 원은 자신이 받도록 수익자를 지정했다. 안타깝게도 보험에 가입한 지 불과 이틀 뒤 이 씨는 폐결핵으로 사망했다. 김 씨는 이 씨가 사망한 후 보험금청구를 하지 않다가 이 씨의 사망일로부터 소멸시효 2년이 경과하기 하루 전날 보험사를 상대로 보험금청구 소송을 제기했다. 과연 김 씨는 이 씨의 사망보험금을 받을 수 있을까.

몇 년 전 실제로 벌어졌던 이 사건은 대법원까지 간 끝에 김 씨는 보험금을 받을 수 없다고 결론 났다. 어떻게 된 일일까.

이 사건은 처음에 몇 가지 석연치 않은 정황이 발견되면서 보험사기가 의심됐다. 우선 김 씨는 이 씨가 자신이 운영하는 사업장의 종업원이라고 주장했지만, 월급명세서 등 고용관계를 증명할 입증 자료가 전혀 없었다. 또 김 씨는 자신을 수익자로 지정해 2억 원의 질병사망담보에 가입한 후 보험료는 1회만 내고 자동이체를 해지한 것도 확인됐다. 특히 김 씨는 이 씨가 사망한 후 보험금청구를 하지 않다가 사망보험금 소멸시효가 완성되기 직전에 보험사를 상대로 소송을 제기했다. 보험금청구를 하면 보험사기 등을 의심받아 지급을 거절당할 수 있으니 소송을 제기한 것이란 추측이 가능하다.

소송과정에서 보험사기 여부 등을 놓고 여러 쟁점이 있었다. 하지만 이 씨가 사고가 아닌 질병으로 사망했기 때문에 김 씨의 고의성을 인정하기 어렵다는 결론이 나 보험계약 무효와 취소는 인정되지 않았다. 대신 '고지의무' 위반 여부가 핵심쟁점이 됐다. 이 씨가 병원치료를 받은 이력이 없기 때문에 사전에 질병에 걸린 것을 알면서도 숨겼는지가 중요한 문제가 된 것이다.

고지의무는 병력, 음주·흡연 여부, 운전 여부, 해외 위험지역 출국예정, 월소득 등 가입자에 대한 위험 정도를 측정하는 데 필요한 주요사항이다. 고지의무사항을 알리지 않은 경우 보험금 지급거절 사유가 되고 보험계약 자체가 해지될 수도 있다.

1심과 2심은 김 씨와 이 씨가 이 씨의 질병을 숨긴 채 보험계약을 체결했다고 인정하기 어렵다고 판단해 고지의무위반을 인정하지 않았다. 하지만 대법원은 두 사람 모두 보험계약체결 당시 정확한 병명을 알지는 못했더라도 이 씨가 질병에 걸려 신체에 심각한 이상이 생긴 사실과 이를 보험사에 고지해야 한다는 것을 충분히 알고 있었다고 판단해 고지의무위반을 인정했다.

고도의 폐결핵은 상당한 시간을 두고 진행하는 질환인데 하루 이틀 만에 갑자기 경과가 악화돼 사망하는 것이 불가능하다고 판단한 것이다. 또 통상적으로 폐결핵은 발열, 호흡곤란, 기침, 가래, 객혈 등의 증상이 나타나기 때문에 병원에 가서 병명을 진단받지 않았더라도 건강상 심각한 문제가 생겼다는 것을 충분히 자각할 수 있다고 봤다.

피보험자가 실제로 치료를 받은 적이 없어 계약 전 알릴의무에 해당하는 사항이 없더라도 폐결핵과 같은 질병으로 인해 현저하게 몸에 이상증상을 느낄 수 있을 정도라면 이는 고지 대상에 해당하는 중요한 사항이다. 꼭 병원치료를 받은 것이 아니더라도 몸에 이상증상이 있을 경우 보험가입 시 이를 고지해야 나중에 보험금을 청구할 때 문제가 없다.

#남이들어주는보험은의심하고봐야

& 체크해 보아요!

***고지의무란?**

보험에 가입할 때 질병이력이나 약물복용 여부 등 보험료산정에 영향을 미칠만한 주요사항을 보험사에 미리 알릴의무다. 보험계약의 전제조건이기 때문에 가입자가 고지의무를 제대로 지키지 않으면 나중에 보험금을 제대로 못 받거나 계약을 해지당하는 등의 불이익을 받을 수 있다. 문제는 가입자들이 보험사가 아닌 설계사에게 병력 등을 말한 것으로 고지의무를 다했다고 혼동하기 쉽다는 점이다. 설계사들도 실적을 늘리기 위해 고지의무수령권이 없다는 점을 명확히 알리지 않은 상태에서 병력을 듣고도 일단 가입시키고 보는 경우가 잦다. 하지만 설계사에게 주요사항을 얘기한 것은 법적 효력이 없으며 반드시 보험사가 제공하는 청약서상의 질문에 서면이나 보험사 직원과의 직접통화로 답해야 한다.

깜빡 잊었다간 낭패
— 계약 후 알릴의무

직장인 김준수 씨(가명)는 얼리 어답터(Early adopter)다. 몇 년 전 유럽여행에서 직장인들이 양복을 입고 세그웨이형 전동휠을 타고 출퇴근을 하는 모습을 보고 본인도 귀국하자마자 전동휠을 구입했다. 집에서 회사까지 거리가 멀지 않아 평소에 운동 삼아 자주 걸어 다녔는데 전동휠을 이용하니 출퇴근시간도 줄어들고 교통비도 절약돼 만족스러웠다. 출퇴근할 때마다 사람들이 신기한 듯 바라봐 주니 뿌듯하기도 했다. 하지만 최근 안타까운 일이 발생했다. 전동휠을 타고 퇴근하던 김 씨가 뒤따라오던 차량에 부딪히는 큰 사고가 난 것. 병원으로 이송되던 김 씨는 과다출혈로 그만 사망하고 말았다. 김 씨의 유족들은 장례를 마친 후 김 씨가 사고 전에 상해보험을 가입해뒀던 보험사에 보험금을 청구했다. 하지만 보험사에서는 보험금을 줄 수 없다고 거절했다.

지난 2019년 소송으로까지 번졌던 이 사건은 언뜻 보면 보험금을 받지 못할 이유가 없어 보인다. 하지만 알고 보면 김 씨는 중요한 사실을 깜빡 잊었다. 바로 '계약 후 알릴의무'다.

상해보험에 가입할 때 보험청약서와 약관에는 '계약 전 알릴의무'와 '계약 후 알릴의무'가 의무사항으로 명기돼 있다. '계약 전 알릴의무'는 피보험자가 현재 운전을 하고 있는지와 그 차종 등을 묻는 질문이 포함돼 있다. 또 '계약 후 알릴의무'에는 보험계약 체결 후 피보험자가 이륜자동차 또는 원동기장치자전거를 직접사용하게 되는 등 중요한 사항을 변경할 경우 지체 없이 보험사에 서면으로 알려야 한다고 돼 있다. 이를 위반하면 보험사가 계약을 해지하거나 보험금지급이 제한될 수 있다고 규정돼 있다. 계약 전후에 알려야 하는 사항이 '의무'로 명시된 것은 차량 등의 운행 여부가 계약 후 피보험자의 사고발생 위험이 크게 변경되거나 증가될 수 있는 사항이기 때문이다.

보험약관상 이륜자동차나 원동기장치자전거라는 용어는 자동차관리법과 도로교통법의 정의에 따른다. 자동차관리법 등에 따르면 전동휠은 1인의 사람을 운송하기에 적합하게 제작된 이륜의 자동차와 유사한 구조로 돼 있는 자동차다. 정격출력의 크기에 따라 이륜자동차 또는 원동기장치자전거로 분류된다.

사망한 김 씨의 경우 보험계약체결 후 사고가 발생할 때까지 전동휠을 출퇴근 용도로 계속 사용했기 때문에 보험사에 이를 통지했어야 한다. 전동휠운행은 사고발생의 위험이 현저하게 변경 또는 증가된 사실에 해당하기 때문이다. 하지만 김 씨는 이를 하지 않았기 때문에 알릴의무위반에 해당돼 해당 계약은 해지되고, 보험금이 지급되지 않은 것이다.

물론 전동휠의 경우 속도가 빠르지도 않고 신종 교통수단이기 때문에 김 씨는 전동휠로 출퇴근한다는 사실을 보험사에 알려야 한다는 생각을 미처 하지 못했을 수 있다. 아마 상당수의 전동휠 이용자가 이 같은 사실을 인지하지 못하고 있을 수도 있다.

하지만 법원의 판단은 다르다. 김 씨의 사례와 유사한 한 판례에서 해당재판부는 '전동휠을 운전하려면 원동기장치 자전거면허를 받아야 하고 인도가 아닌 차도로 통행해야 한다'라며

'전동휠의 속도나 구조와 무관하게 운전할 때 사고발생의 위험이 현저하게 증가했다고 봐야 한다'라고 했다. 또 '보험사가 약관상의 통지의무를 설명하면서 이륜자동차의 의미와 종류까지 일일이 설명하거나 전동휠이 포함된다는 점까지 알려야 하는 것은 아니다'라고도 덧붙였다.

보험사로부터 전동휠을 탈 경우 보험사에 알려야 한다는 안내를 받지 못했다 하더라도 피보험자가 스스로 알려야 할 의무사항이라는 의미다. 이처럼 보험계약체결 시 계약 후 알릴의무는 매우 중요한 사항이기 때문에 반드시 변경사항을 보험사에 지체 없이 알려야 한다. 변경사항에는 이륜자동차 또는 원동기장치 사용 외에도 ▲보험증권 등에 기재된 직업 또는 직무의 변경 ▲피보험자의 운전목적 변경(예를 들어 자가용에서 영업용으로 변경) ▲운전 여부의 변경(예를 들어 비운전자에서 운전자변경) 등이 있다.

#전동휠타기시작하면보험사에연락을

& 체크해 보아요!

***전동휠사고 시 보상은?**

전동킥보드 등 전동휠은 자동차관리법상 이륜자동차에 해당되며, 도로교통법상 원동기장치자전거에 해당된다. 다만 전동킥보드는 일반 자동차와 같이 자동차보험 의무가입 대상은 아니기 때문에 이로 인한 사고가 발생하면 무보험차상해 특약으로 보상가능하다. 피해자가 교통사고 사실확인원을 첨부해 무보험차상해 특약에 가입된 보험사에 사고접수를 하면 보험사에서 조사한 후 책임보험 한도 내에서 피해자에게 먼저 보험금을 지급하고, 나중에 가해자(배상책임자)에게 구상을 하게 된다. 책임보험 한도는 자배법상 대인배상 Ⅰ 한도 이내를 의미하며, 중복가입했을 경우 각 보험사가 분담한다. 예를 들어 A, B 두 곳의 보험사에 무보험자동차상해 특약에 가입했다면 부상 14급으로 보험금 100만 원이 발생하면 A사에서 50만 원, B사에서 50만 원 분담처리한다. 단 경찰신고건만 보상가능하며 뺑소니는 보상 대상에서 제외된다. 자동차보험약관에서는 무보험차상해 특약의 피보험자를 기명피보험자 및 배우자를 비롯해 기명피보험자 및 배우자의 부모와 자녀까지 포함하고 있다. 따라서 평소 운전을 하지 않거나 미성년자라 운전면허가 없는 등 본인 소유의 자동차가 없어 가입한 자동차보험이 없을 경우에도 배우자, 부모, 자녀 등 자동차보험에 가입돼 있는 가족(형제 · 자매 제외)이 1명이라도 있다면 무보험차상해 특약으로 보상받을 수 있다. 특히 사고 당시 차량에 탑승 중이었는지도 상관이 없다.

차는 몰았지만 운전은 안 했어요?

— 운전의 정의

직장인 김광태 씨(가명)는 최근 회사에서 승진이 누락돼 힘든 날을 보냈다. 어느 주말 속상한 마음에 낮술을 거하게 마시던 중 마침 같이 사는 김 씨의 친형이 김 씨의 차량에서 물건을 꺼내달라고 부탁했다. 김 씨는 할 수 없이 마시던 술잔을 내려놓고 주차장에 내려가 물건을 꺼내기 위해 차문을 열었는데, 마침 경사로에 주차돼 있던 차가 앞으로 밀리며 정차돼 있던 차량과 부딪치고 말았다. 김 씨는 전날 좁은 골목길에 이중주차를 하느라 기어를 중립(N)에 놓고 내렸는데, 거기에 약간 경사가 있다는 사실을 깜빡 잊은 것이다.

다행히 피해차량이 크게 망가지진 않아서 보험처리를 하면 된다고 생각하던 찰나, 예상치 못한 문제가 생겼다. 김 씨의 전화를 받고 사고처리를 위해 나온 피해차량 운전자가 김 씨에게 술냄새가 난다고 음주운전을 했다며 경찰에 신고한 것이다. 만약 음주운전사고로 처리되면 차주 본인이라도 자차담보는 보상이 안 되고, 대물배상담보는 사고부담금을 최소 500만 원에서 최대 5,000만 원까지 물어줘야 한다. 김 씨는 술은 마셨지만 운전을 하려던 것이 아니라 단지 물건을 꺼내려다 차가 움직였기 때문에 이 상황이 너무 억울했다. 과연 김 씨는 음주운전으로까지 몰려 보험처리를 할 수 없는 걸까.

김 씨의 보험처리 여부를 살펴보려면 운전의 정의에 대해 이해해야 한다. 도로교통법 제2조에 의하면 '운전'이란 '도로에서 차마(車馬) 또는 노면전차를 그 본래의 사용방법에 따라 사용하는 것(조종을 포함한다)을 말한다'라고 규정돼 있다. 이에 따르면 단순히 차를 인력으로 밀어서 움직이게 하거나 문을 열고 닫는 행위 등은 운전에 해당되지 않는다. 김 씨도 운전을 하려는 의사가 없었고 운전을 하기 위해 시동을 켜는 등 발진조작 등을 하지 않았기 때문에 운전이라는 행위가 성립되지 않는 것으로 볼 수 있다. 따라서 음주운전에도 해당되지 않는다.

판례에 따라 좀 더 세부적으로 살펴보면 운전이라는 행위가 성립되기 위해서는 '운전을 하려는 의사'라는 주관적 요건과 '발진할 태세를 갖추고 시동을 거는 행위(발진조작의 완료상태)'라는 객관적 요건의 두 가지 요건이 충족돼야 한다.

운전의 주관적 요건에 의하면 운전이란 목적적 요소를 포함하는 고의의 운전행위를 의미하기 때문에 그간 법원에서는 행위자의 의지나 관여 없이 자동차가 움직이는 경우 즉, 실수로 기어 등 발진장치를 건드려 자동차가 움직이거나 불완전한 주차상태 등으로 인해 자동차가 움직이는 경우 등은 운전에 해당되지 않는다고 봤다.

운전자가 술에 취해 자동차에서 잠이 든 사이 주차한 자동차가 경사진 도로를 저절로 미끄러져 다른 차를 추돌한 경우나 주차 후 시동을 끄고 하차하기 위해 차문을 열다 지나가는 자동차를 충격한 경우 등도 모두 운전에 해당되지 않는다는 판결이 났다. 김 씨로서는 다행스러운 일이다.

이와는 반대로 사고로 중앙분리대에 걸쳐 있어 움직일 수 없는 자동차의 가속페달을 밟은 경우, 시동이 걸린 상태에서 가속페달을 밟았다는 객관적 요건과 자동차를 발진시키려는 의도를 가졌다는 주관적 요건이 성립된다. 설령 자동차가 장애물에 걸려 움직이지 않고 그 자리에서 공회전을 했더라도 발진조작

이 완료됐기 때문에 운전에 해당된 판결도 있었다.

또 주차된 차량을 이동 주차시키기 위해 시동을 걸었지만 기어 1단이 들어가 있는 상태라 차량이 앞으로 전진해 앞에 주차돼 있던 차량을 박은 경우도 있다. 이때 이동주차를 목적으로 운전석에 앉아 시동을 걸기 위해 시동장치에 열쇠를 꽂아 돌렸고, 그에 따라 비록 짧은 거리이지만 차량이 앞으로 발진했기 때문에 운전에 해당된 경우도 있다.

또 지난 1월에는 음주상태로 고장 난 차량의 시동을 걸고 가속페달을 밟았지만, 차량이 움직이지 않아 음주운전으로 처벌할 수 없다는 대법원의 판단이 나오기도 했다. 재판부는 "음주상태에서 자동차를 운전해 실제 차가 움직였을 때 음주운전의 위험성이 현실화하는 점 등에 비춰 가속페달을 밟은 것만으로 범죄행위가 행해졌다고 보기 어렵다"라고 판단했다. 이 판결은 음주운전의 유·무죄를 따지면서 운전의 객관적 요건을 단순 발진조작에서 이후 차량이 실제 이동했는지까지 확대했다는 점에 주목할 만하다.

& 체크해 보아요!

*음주운전 사고부담금은?

2020년부터 음주운전 사고부담금이 '대인배상 I 사고부담금'은 300만 원에 1,000만 원으로, 대물배상 사고부담금이 기존 최대 100만 원에서 500만 원으로 총 1,100만 원 상향됐다. 무면허뿐 아니라 음주, 뺑소니사고 시 보험금 전액 구상제도를 추진하고 있다. 무면허운전 면책규정은 2020년 6월 약관개정 시 대인 II 면책규정이 삭제되고 대인 II 사고부담금 1억 원으로 개정됐다. 대인 II는 대인 I을 초과하는 금액을 보상해 준다. 대인 I은 타인을 죽거나 다치게 한 경우 보상하는 부분으로 사망 · 후유장애 시 최고 1억 5,000만 원, 부상 시 최고 3,000만 원 한도로 보상한다. 대물배상은 다른 사람의 차량이나 재물을 파손시킨 경우다.

‘뺑소니사고’ 알고 있나요?

— 자동차손해배상 보장사업

김현수 씨(가명)는 얼마 전 퇴근길에 운전을 하던 중에 마주 오던 벤츠차량이 중앙선을 침범해 빠른 속도로 달려오는 바람에 미처 피하지 못하고 충돌하는 큰 사고를 당했다. 이 사고로 김 씨는 크게 다쳐 심각한 후유장애를 겪게 됐고 차량은 폐차했다. 그런데 가해차량이 중앙선침범이라는 중과실이 명백해 보험처리에 문제가 없을 줄 알았던 김 씨는 난감한 상황에 빠졌다.

벤츠차량 운전자인 이희성 씨(가명)가 백화점 주차장에서 본인의 차량인 것처럼 주차관리원에게 열쇠를 받아 남의 차량을 훔쳐서 운전한 것이다. 심지어 이 씨는 각종 채무로 빚쟁이들에게 쫓기고 있어 손해배상을 할 수 있는 처지가 아니었다. 절도를 저지른 사기꾼인 셈이다. 이런 '막장드라마' 같은 상황에서 김 씨는 차량 실제 소유주나 이 씨의 보험사, 혹은 열쇠를 잘못 넘겨준 백화점측으로부터 보상을 받을 수 있을까.

우선 가해차량 소유주의 보험사로부터는 아무런 보상을 받을 수 없다. 벤츠차량 소유주의 보험사는 피보험자 즉, 소유주 본인이나 소유주가 운전을 허락한 승낙피보험자 등이 운전한 상황이 아닌 도난에 의한 제3자의 차량운행 중 일어난 사고이므로 약관상 보상할 의무가 없다.

자동차보험은 피보험자가 피보험차량을 운행 중에 발생한 사고로 인해 타인에게 배상책임이 생겼을 때 보험사가 피보험자를 대신해 피해자에게 보상을 해주는 것이다. 하지만 이 사고는 가해차량 소유주가 운전하다 발생한 사고가 아니기 때문에 김 씨의 피해에 대해 보상해 줄 의무가 발생하지 않는다. 같은 이유로 가해자인 이 씨가 자동차보험을 가입한 보험사도 이 사고에 대해 보상할 의무가 없다. 이 씨가 피보험차량을 운전하다가 낸 사고가 아니기 때문이다. 특히 이 사고는 이 씨가 도난이라는 범죄행위를 저지르고 낸 사고이기 때문에 보험사의 면책사유에 해당한다. 이런 경우 이 씨가 개인적으로 피해를 보상해야 하지만 이 씨는 경제적인 능력이 없는 상태다.

이런 경우 차량 소유주를 제대로 확인하지 않고 열쇠를 넘겨준 백화점측의 책임은 없을까. 이 사고와 유사한 소송에서 법원은 차량 소유주를 정확히 확인하지 않고 열쇠를 건네준 주차관리원에 대한 책임을 인정하지 않았다. 판례에서는 주차관리원이 차량열쇠를 넘겨줄 당시 차량을 훔친 사람이 교통사고를 낼 것이라고 예견했거나 예견할 만한 사정이 있었다고 보기 부족하고, 키를 잘못 넘겨준 과실과 교통사고발생 사이에 큰 인과관계가 없다고 봤다.

그렇다면 과실이 전혀 없이 일방적으로 피해를 입은 김 씨는 누구에게도, 아무런 보상도 받지 못하는 것일까. 김 씨의 사례는 다소 특이한 경우지만 간단히 요약하면 결국 도난차량에 의한 사고로 피해를 입은 상황이다. 이럴 경우 다행히 구제를 받을 수 있는 방법이 있다.

정부는 도난·뺑소니·무보험차량에 의한 사고로 사망하거나 부상당한 피해자가 김 씨처럼 어디에서도 보상받지 못할 경우 최대 1억 8,000만 원(부상 3,000만 원+사망/장애 1억 5,000만 원)까지 보상해 주는 자동차손해배상 보장사업을 보험회사들과 함께 운영하고 있다. 자동차보험의 책임보험료에서 1%의 분담금을 재원으로 조성됐다. 사고를 당한 피해자는 자동차보험 가입 여부와 관계없이 정부보장사업 보상서비스를 운영하는 시중 10개 자동차보험회사를 통해 보상을 신청할 수 있으며, 손해보험협회 콜센터로 연락해도 절차를 안내받을 수 있다.

이렇게 정부보장사업으로 피해자에게 보상금이 지급되면 구상사업자인 자동차손해배상진흥원이 교통사고가해자에게 구상을 실시한다. 가해자에 대한 구상권은 채무 전액변제 시까지 행사되는데, 사례의 이 씨처럼 채무변제가 불가능한 경우에는 국토교통부 산하 채권정리위원회의 심의의결을 통해 채권의 결손처분 여부가 결정된다.

아울러 만약 김 씨가 자동차보험에 가입할 때 '무보험차상해' 특약에 가입했다면 이런 사고가 났을 때 가입한도에 따라 2억~5억 원까지 보상받을 수 있고 파손된 차량은 자기차량손해담보를 통해 보상받을 수 있다. 무보험차상해나 본인과실이 없는 사고에 의한 자기차량손해보상의 경우 자동차보험료 갱신 시 보험료할증이 되지 않는다.

#보험에도보험이필요하다

& 체크해 보아요!

***자동차손해배상 보장사업이란?**

자동차손해배상 보장사업은 1978년에 도입된 일종의 사회보장제도다. 당시 뺑소니사고가 급증하면서 사회문제로 떠오르자 보상을 받을 수 없는 뺑소니피해자를 구제하기 위해 시작돼 무보험차량 사고피해자까지 보장 대상이 확대됐다. 2021년 기준 총 10개 손해보험사가 국토교통부에서 보장사업을 위탁받아 수행하고 있다. 1985년에는 무보험차량사고 피해자보상, 2000년에는 교통사고유자녀 지원사업 등으로 자동차손해배상 보장사업 범위가 확대됐다. 도난자동차와 차주의 허락 없이 무단운전 중인 자동차사고의 피해자도 보상을 받을 수 있다.

자동차손해배상 보장사업은 크게 보장과 지원 부문으로 나뉜다. 보장사업은 뺑소니 또는 무보험 자동차사고로 사망하거나 부상당한 피해자에 대해 정부에서 보상해 주는 제도다. 지원사업은 자동차사고 피해가족을 대상으로 이뤄지며 ▲중증후유장애인의 재활보조금 ▲18세 미만 자녀의 생활자금 ▲장학금 및 자립지원금 ▲피해자가 사고 당시 부양하던 65세 이상 피부양가족의 피부양보조금 등을 지원한다.

수천만 원 내야 할 수도 있어요
— 무면허운전 사고부담금

김영호 씨(가명)는 얼마 전 지방에 사는 노모가 허리를 다쳐 응급실에 갔다는 연락을 받았다. 병원으로 운전해 가던 김 씨는 급한 마음에 무리하게 차선을 변경하려다 신호대기 중이던 차량을 충돌하는 사고를 냈다. 다행히 피해운전자와 동승자가 크게 다치진 않았지만 고가의 외제차인 피해차량의 5,000만 원 수리비가 발생했다. 보험처리를 하기 위해 곧바로 보험회사에 전화한 김 씨는 3,400만 원의 사고부담금을 내야 한다는 소리를 듣게 됐다.

2020년 10월 자동차보험 표준약관이 개정되면서 음주 또는 무면허운전, 뺑소니운전을 하다 사고를 낼 경우의 사고부담금이 크게 높아졌다. 대물배상 사고부담금은 기존 100만 원에서 최대 5,100만 원까지(2,000만 원 이하 손해 100만 원, 2,000만 원 초과 손해 5,000만 원), 대인배상 사고부담금은 기존 300만 원에서 1억 300만 원까지(대인배상 I 300만 원, 대인배상 II 1억 원) 각각 상향돼 합치면 총 1억 5,400만 원까지 내야 할 수도 있게 된 것이다.

김 씨의 사고부담금은 왜 이렇게 높게 나온 것일까? 문제는 김 씨가 본인도 모르는 사이에 무면허자가 됐다는 점이다. 자영업으로 화물차를 운전하는 김 씨는 오래전 '끼어들기 금지' 위반으로 3만 원의 범칙금을 받았다. 그런데 경기가 안 좋아 밤낮으로 일하다 보니 깜빡 잊고 납부를 하지 않았다. 이로 인해 즉결심판에 회부되는 등 수 차례 통지서가 왔지만, 우편물을 제대로 챙겨 보지 못했고 그렇게 몇 달이 지나자 면허정지 상태가 된 것이다. 보험사에서는 김 씨가 면허정지기간 동안 운전을 하다가 사고를 냈기 때문에 무면허운전에 해당하고, 이에 따라 대인배상에 대한 사고부담금 300만 원과 차량대물배상에 대한 사고부담금 3,100만 원을 더해 총 3,400만 원의 사고부담금을 내야 한다고 한 것이다.

김 씨는 억울했다. 생계가 어려워 밤낮으로 일을 하다 보니 집에 자주 못 들어간 데다 혼자 살아서 등기우편도 제대로 받을 수 없어 몇 개는 부재중으로 반송이 되기도 했다. 범칙금 3만 원을 내지 않았다고 면허가 취소된 것도 억울한데, 3,000만 원이 넘는 돈을 물어내야 한다니 막막했다. 물론 범칙금을 제때 내지 않은 것은 김 씨의 잘못이지만 정말 사고부담금 3,400만 원을 모두 부담해야 하는 걸까.

다행히 김 씨처럼 면허정지처분에 대해 우편물 등으로 본인이 직접 통보받지 못해 이를 인지하지 못한 상태에서 운전을 했다면, 이 경우 무면허운전에 해당되지 않는 것으로 본다. 비록 범칙금미납과 즉결심판불응, 끼어들기사고 등의 과실이 있지만 면허정지 상태임을 본인이 인지하지 못하고 있었기 때문에 무면허운전에는 포함되지 않는 것이다. 따라서 김 씨는 무면허운전 사고부담금은 부담하지 않아도 된다.

실제로 법원에서도 김 씨와 유사한 사례에서 본인이 정확히 면허정지(취소) 등을 통지받고 인지하고 있다는 점이 입증되지 않으면 무면허운전으로 보지 않는다고 판시했다.

김 씨의 경우에는 이렇게 구제받을 수 있었지만 무조건 면허정지통지를 받지 못했다고 해서 모두 보험처리를 할 수 있는 것은 아니다. 면허정지통지를 받지 못했다는 점을 확실히 입증해 경찰서에서 확인을 받거나 법원 무죄판결 등을 받아야 한다.

& 체크해 보아요!

*면허정지 기준은?

처분벌점 40점이 넘으면 면허정지가 되므로 벌점이 누적되지 않았는지 평소에 점검할 필요가 있다. 단 처분벌점 40점 이상으로 면허정지 사전통지를 받았더라도 유효기간 40일 이내의 임시운전증명서를 발급받으면 이 기간 동안에는 운전이 가능하다. 해당 기간 동안 각종 교육을 이수하면 누적된 벌점을 감경받을 수도 있다. 자세한 내용은 경찰청 교통민원24(이파인) 사이트에서 확인할 수 있다.

늘어나는 골프장사고

— 주의의무위반

김신 씨(가명)는 코로나19로 해외여행길이 막히면서 골프에 재미를 붙이기 시작했다. 갑갑한 실내를 벗어나 탁 트인 야외에서 운동도 하고 근교로나마 여행을 온 기분을 느끼는 것이 좋아서다. 최근에도 주말에 친구들과 근교로 골프경기를 하러 갔다. 밀린 대화를 나누며 즐겁게 라운딩을 하던 도중 김 씨가 티샷을 한 골프공이 목표했던 방향보다 왼쪽으로 크게 휘는 바람에 골프장 외부로 날아갔다. 마침 골프장 근처 운동장에서는 체육대회가 열리고 있었고, 현장에 있던 유석화 씨(가명)가 날아온 공에 맞아 눈 아래부위를 크게 다쳤다. 가만히 있다 생각도 못 한 봉변을 당한 유 씨는 공을 친 김 씨를 상대로 손해배상을 청구했다.

최근 코로나19 등의 영향으로 골프를 즐기는 인구가 크게 늘면서 골프와 관련한 사고도 증가하고 있다. 가벼운 부상부터 심각한 경우에는 사망사고까지도 발생한다. 골프장에서 친 공이 날아가 의도치 않게 골프장 외부 운동장에 있던 사람을 타격했다면 손해배상책임이 있을까?

결론부터 말하면 김 씨에게는 주의의무 위반을 이유로 한 민법상 손해배상책임이 성립될 수 있다. 2017년 대법원에서 비슷한 사건에 대해 손해배상책임을 인정한 사례가 있다.

김 씨의 입장에서는 골프장 안에서 골프를 치고 있던 중 벌어진 일이라 다소 억울한 면이 있을 수 있다. 하지만 판례는 골프와 같은 개인운동경기에 참가하면 자신이 타격한 골프공이 코스를 벗어나 날아갈 경우 옆 코스에서 골프를 치던 사람 또는 골프장밖의 도로나 운동장에 있는 사람을 맞출 수도 있다는 점을 충분히 예상할 수 있다고 봤다. 자신의 기량에 맞춰 적합한 골프채를 이용해 안전한 방향으로 골프공을 타격할 주의의무가 있다는 것이다. 이를 위반해 골프경기 중 사고가 발생한 경우에는 손해배상책임이 인정될 수 있다.

김 씨의 경우 코스 남쪽에 운동장이 있었는데, 그곳에서 체육 대회가 진행 중이었다. 코스의 중앙이 아닌 남쪽으로 타격해 골프공이 목표방향보다 왼쪽으로 휘면 운동장으로 날아가 그곳에 있는 사람을 맞출 위험이 있다는 것을 김 씨가 충분히 예상할 수 있는 상황이었다. 물론 김 씨는 공을 앞으로 보내려는 마음이었기 때문에 공이 휠 줄 몰랐다고 할 수도 있지만 말이다.

다만 주의의무 위반 여부는 사안에 따라서 달리 판단될 수도 있다. 다른 실제 사례로 골프장 8번 코스에서 친 공이 2번 코스에 있던 피해자를 가격한 일이 있었다. 이때는 8번 코스에서 치던 가해자가 2번 코스를 확인할 수 없고, 경기보조원(캐디)의 지시에 따라 골프공을 쳤기 때문에 주의의무 위반이 없다는 판결도 있었다.

그렇다면 비가 오는 날 라운딩을 중단하라는 캐디의 권유를 무시하고 운동을 강행하다가 카트가 미끄러져 다쳤다면 보상을 받을 수 있을까. 모든 골프장은 의무적으로 '체육시설업자 배상책임보험'에 가입한다. 이 보험은 국내에서 피보험자가 소유, 사용 또는 관리하는 체육시설에서 발생한 우연한 보험사고로 손해가 발생한 경우 법률상의 배상책임을 보상한다. 골퍼의 과실에 따라 보상 여부가 달라질 수 있지만 기본적으로 중과실이 아니라면 골프장으로부터 보험처리를 받을 수 있다.

따라서 캐디가 골프카트를 운전하다가 다쳤을 때 골퍼의 중대한 과실이 없었다면 골프장이 배상해 준다. 비가 오는 날 캐디의 중단 권유에도 불구하고 경기를 진행했다 하더라도 부상을 입는 과정에서 골퍼의 과실이 크지 않다면 치료비를 보상받을 수 있다. 향후 치료비 등을 고려한 위자료도 보상된다.

문제는 캐디가 없는 '노-캐디' 골프장에서 사고가 난 경우다. 이런 곳에서는 골퍼가 스스로 카트를 운전하는데, 카트운행이 금지된 곳에서 운전을 하거나 역주행을 하다 사고가 발생하는 등 골퍼의 과실이 명확한 사고라면 보상과 관련한 분쟁이 발생할 수도 있다. 체육시설 배상책임보험은 '체육시설 설치 또는 보존상의 결함' 등 골프장의 귀책사유가 있어야만 보상이 가능하기 때문이다.

#골프카트는차일까아닐까

& 체크해 보아요!

*골프카트사고와 자동차보험의 관계는?

골프카트는 자동차보험에서 보상하는 자동차의 범위에 들어가지 않기 때문에 자동차보험으로는 보상받을 수 없다. 또 최근 몇 년간 손해보험사들이 많이 판매하는 '자동차사고 부상치료 지원금' 담보의 보상대상도 아니다. 이 담보는 자동차사고로 인한 상해에 대해 보상하는데, 카트사고는 자동차사고로 보지 않기 때문이다. 다만 실손보험에 가입됐다면 배상책임보험의 보상 유무와 관계없이 해당 담보에서 치료비를 보장받을 수 있다.

보험금 진짜 못 받나요?

— 보험금청구 소멸시효

강지섭 씨(가명)는 2018년 4월경 시험공부를 마치고 돌아오던 아들 강민우 씨(가명)를 태우고 운전하다 실수로 회전교차로에 있는 교통섬을 미처 피하지 못해 전복되는 큰 사고를 내고 말았다. 천만다행히도 두 사람 모두 생명에는 지장이 없었고, 자동차보험에 '자기신체사고 담보'가 가입돼 있어 강 씨 부자는 보험금으로 치료받을 수 있었다. 하지만 다친 곳이 다 나아 병원도 거의 가지 않게 된 얼마 전, 다니던 병원의사가 충격적인 얘기를 했다. 겉으로는 완쾌한 것처럼 보이던 아들 강 씨에게 장애가 남을 수 있다는 것이다. 얼마 후 아들은 결국 장애진단을 받았다. 강 씨는 다 나아가던 아들이 뒤늦게 장애진단을 받자 속상함과 이 모든 일이 본인 때문이라는 죄책감에 괴로웠다. 그리고 하필이면 보험금청구 소멸시효인 3년이 막 지나버린 상태에서 후유장애진단이 나와 더 이상 보험금도 받을 수 없는 것은 아닌가 걱정이 됐다. 치료비는 보험금으로 충당했지만 사고 이후 치료와 재활을 하느라 강 씨는 한동안 일을 하지 못했고, 아내도 자신과 아들을 간호하느라 형편이 넉넉하지 않았기 때문이다.

보험금청구 소멸시효 3년이 지난 후 뒤늦게 장애진단을 받은 강 씨의 아들은 더 이상 보험금을 받을 수 없는 걸까.

흔히 사고발생일로부터 3년이 지나면 보험금청구 소멸시효가 완성돼 후유장애진단이 나와도 보험금을 받을 수 없다고 생각하기 쉽다. 보험금청구권의 소멸시효 기산점은 기본적으로 사고발생일이 맞다. 하지만 후유장애보험금은 피보험자에게 후유장애가 생긴 때부터로 본다고 규정돼 있다. 따라서 강 씨의 아들은 문제없이 보험금을 받을 수 있다.

자동차보험의 자기신체사고담보는 피보험자가 피보험자동차를 소유·사용·관리하는 동안에 생긴 사고로 인해 사망하거나 상해를 입은 때, 그로 인한 손해를 보상해 주는 특약이다. 피보험자의 부모, 배우자, 자녀까지 보상을 받을 수 있으며, 보험금의 종류는 크게 사망, 부상, 후유장애 3가지다.

판례 등에 의하면 보험금청구권의 소멸시효는 특별한 다른 사정이 없는 한 원칙적으로 보험사고가 발생한 때로부터 진행한다고 해석한다. 다만 보험사고가 발생한 것인지가 객관적으로 분명하지 않아 사실을 확인할 수 없는 사정이 있는 경우에는 보험금청구권자가 보험사고의 발생을 알았거나 알 수 있었던 때로부터 소멸시효가 진행한다고 판시했다.

또 다른 판례 등에 의하면 자동차보험의 자기신체사고담보의 보험금청구에 대해 ▲사망보험금의 경우에는 피보험자가 사망한 때 ▲부상보험금의 경우에는 피보험자의 상해등급과 치료비가 확정된 때 ▲후유장애보험금의 경우에는 피보험자에게 후유장애가 생긴 때를 각각 '청구할 수 있는 경우'라고 규정하고 있다.

따라서 강 씨의 아들은 비록 사고발생일로부터 소멸시효인 3년이 지났다 하더라도 장애진단을 받은 지 3년이 경과되지 않았기 때문에 앞으로도 가입한도 내에서 보험금을 받을 수 있다.

사고발생(사망)일로부터 3년이 지난 후에 부상(사망)보험금을 청구한다면 소멸시효가 지났기 때문에 보상되지 않지만, 3년이 지났다 하더라도 후유장애의 경우 진단을 받은 지 3년이 지나지 않았다면 보험금을 받을 수 있다는 것이다.

참고로 자동차보험에서 자기신체사고담보의 가입금액은 사망·후유장애의 경우 1,500만 원/3,000만 원/5,000만 원/1억 원, 부상의 경우 1,500만 원/3,000만 원/5,000만 원 중 선택해 가입할 수 있다. 심각한 후유장애라도 최대 1억 원까지만 보상된다.

#소멸시효3년만기억하자

& 체크해 보아요!

*자동차상해담보란?

자동차보험에는 자기신체사고담보와 유사한 자동차상해담보라는 것이 있다. 자기신체담보보다 보험료가 조금 더 비싸지만 사망·후유장애의 경우 최대 5억 원까지, 부상의 경우 최대 1억 원까지 가입할 수 있어 가입한도가 더 높다. 치료비 외에 위자료, 미래소득 상실액 등까지 보상받을 수 있으니 참고할 만하다.

베테랑 설계사도 궁금한 보험 이야기(Q&A)

— 일반 편

"보험에도 나이가 있어요?"

— 보험나이 계산법

'빠른 생년제도'가 폐지돼 요즘 어린이들은 잘 모르겠지만 유독 한국에서만 유난스럽게 따지는 것 중 하나가 바로 '빠른 생일'이다. 현재 20대 이상 성인이라면 누구나 한 번쯤은 주변에 흔한 '빠른 생일자'들과 나이를 정리하는 경험을 해봤을 것이다. 1, 2월에 태어나 초등학교 입학시기가 애매한 경우 동급생들보다 1년 빠르게 학교에 입학한 사람들인데, 이 빠른 생일자들 때문에 '인간관계 족보'가 꼬이는 경우도 많이 생긴다. 가령 빠른 생일자가 서로 친구 사이인 A와는 친구로 지내고 B에게는 형이라고 불러서 친구들끼리 관계가 얽히고설키는 일 말이다. 여기에 등장인물이 한두 명 더 추가되면 이른바 '멍멍이 족보'가 되기도 해 그냥 따지지 않고 대충 지내고 싶은 마음이 들 정도다.

빠른 생일보다 혼란스러운 나이계산은 보험에 가입할 때도 발생한다. 바로 보험상령일(보험나이가 변경되는 시점)로 계산되는 '보험나이'다. 보험나이는 계약일시점 피보험자의 주민등록상 생년월일을 기준으로 계약일에서 생년월일을 뺀 다음, 6개월 미만이면 1살을 빼고 6개월 이상이면 1살을 더하는 식으로 계산된다. 이후에는 매년 계약 해당일에 나이가 1살씩 늘어나는 것으로 한다.

예를 들어 1991년 5월 10일 생 가입자가 2019년 4월 6일에 계약을 한다고 가정하면 한국나이로는 29세지만 만나이는 27세, 보험나이는 28세다. 이 사람의 보험나이가 변경되는 시점을 보험상령일이라고 한다. 예시의 경우 2019년 11월 10일이 보험상령일이다. 이날이 되면 보험나이는 29세가 된다.

보험나이가 중요한 이유는 보험료를 결정하는 데 가장 중요한 요소가 연령이기 때문이다. 대부분의 보험상품은 연령이 높아질수록 질병이나 사고의 발생위험이 높다고 보기 때문에 보험료도 비싸진다. 즉 가입시기가 늦어질수록 보험료부담은 커지는 것이다.

2019년 기준 대형 생명보험사의 종신보험을 기준으로 28세 남성이 사망보험금 1억 원(20년 납)을 보장하는 상품을 가입한다고 가정하면, 월 보험료 20만 2,000원이다. 하지만 이 가입자가 보험상령일을 놓쳐 29세가 되면 보험료는 20만 6,000원으로 올라간다. 같은 보장인데도 총 납입기간을 고려하면 총 96만 원을 더 내야 한다. 이 같은 보험료 인상은 나이가 들수록 더 커진다.

보험상품 개정 등으로 일부 보장성상품의 보험료가 인하되는 시기에는 보험에 늦게 가입할수록 좋다는 '팁'도 있다. 하지만 보험상령일이 곧 도래하는 사람이라면 빨리 가입하는 것이 오히려 유리할 수 있다. 보험연령이 한 살 늘면 보험료는 평균 5~10% 증가하기 때문이다.

특히 사망을 담보로 하는 보험은 만 15세부터 가입 가능하므로 어차피 가입할 보험이라면 서두르는 것이 좋다. 이 때문에 자녀가 사회생활을 하기 전까지는 부모가 보험료를 납입하다 성년이 된 후에 물려주는 경우도 많다.

최근에는 온라인 보험을 찾는 고객들이 증가하면서 스스로 보험료를 비교분석하는 사례도 많아졌다. 보험상령일을 감안해 나이에 따라 달라지는 보험료를 확인해 보고 언제 가입하는 것이 유리한지 따져보는 것이 중요하다.

"해지하면 손해인데…"
— 좋은 보험 '안 깨는' 방법은

가계소득이 줄고 살림이 팍팍해지면 빠지지 않고 나오는 기사가 있다. 어려운 살림에 적금이나 보험을 '깨는' 일이 많아졌다는 내용이다. 최근에는 코로나19 확산으로 생계를 위한 보험 중도해지가 늘어난 데다 증시활황으로 주식이나 가상화폐 같은 투자처에 돈이 몰리면서 보험을 깨는 사람들이 더 빠르게 늘고 있다고 한다.

보통 저축성보험을 해지하는 경우가 많은데, 최근에는 보장성보험의 해약도 크게 늘었다. 생명보험협회 통계에 따르면 국내 생보사 24개 사의 해지환급금은 2020년 10월 기준 22조 7,174억 원으로 전년 동기(22조 3,330억 원) 대비 3,843억 5,500만 원 증가했다. 같은 기간 중도해지건수는 677만 2,537건으로 전년 동기(576만 4,549건) 대비 100만 7,988건(17.48%) 증가한 것으로 나타났다.

보장성보험은 만기가 되기 전에 해약하면 원금환급 비율이 낮아 '해지하면 손해'라는 것을 뻔히 알지만 당장 가계가 힘들다 보니 종신보험이나 질병보험까지 해지하는 가입자가 늘고 있다. 매달 내는 보험료가 부담스러워져 해지를 고민하고 있다면 보험을 깨지 않고도 소비여력이 회복될 때까지 유지할 수 있는 몇 가지 방법을 참고할 만하다.

우선 중도인출이나 추가납입 등 유니버설기능이 부가된 상품에 가입했다면 '자유납기능'을 활용하면 좋다. 자유납은 보험료 의무납입기간 이후에 일시적으로 보험료납입을 중단하거나 조정할 수 있는 기능이다. 보험료를 일정 기간 내지 않아도 보험의 보장기능이 유지되기 때문에 갑작스러운 실직 등으로 몇 개월간 보험료납입이 곤란한 경우 등에 유용하다. 단 유니버설기능 부가상품은 적립금에서 계약보장 유지를 위한 위험보험료 및 사업비가 빠져나가기 때문에 납입중지 등으로 일정 기간 이상 보험료를 납입하지 않으면 적립금이 소멸되고 보험이 실효될 수 있어 유의해야 한다.

'감액해약 또는 감액완납'도 고려해 볼 수 있다. 감액해약은 보험의 보장금액을 줄여 매월 내는 보험료를 줄이는 방식이다. 예를 들어 1억 원의 사망보험금을 보장하는 종신보험에 가입한 고객이 매월 25만 원을 내고 있다면 절반인 12만 5,000원의 보험료를 내고 사망보험금을 5,000만 원으로 낮추는 것이다. 대신 감액해약도 부분 해약의 개념이라 감액한 만큼의 환급금은 수령하지만 보장금액이 줄어든다.

감액완납은 매월 내던 보험료를 현재환급금으로 일시납을 하는 형태로 바꿔 납입을 완료하는 형태다. 보험료납입 부담을 덜 수 있지만 보장이 줄어드는 것은 단점이다. 환급금이 충분하지 않으면 처리가 안 될 수도 있어 미리 확인할 필요가 있다.

당장 목돈이 필요해 보험을 해지하려는 거라면 보험계약대출이나 중도인출도 고려 대상이다. 보험계약대출은 해약환급금의 50~90%를 담보로 해 대출을 해주는 제도로 별도의 심사가 없고 원금상환 없이 이자만 계속 내도 된다는 것이 장점이다.

중도인출은 해지환급금 범위 내에서 보험금을 인출하는 제도다. 보험사별로 조금씩 다르긴 하지만 최대 연 12회까지 가능하다. 인출 후 보험금을 지급할 때 중도인출 금액은 차감된다.

이밖에 보장성보험의 경우 보장분석을 통해 일부 특약만 해지하는 방식으로 월 보험료를 낮추는 방법도 있다. 기본적으로 보험은 제대로 가입해서 만기까지 유지하는 것이 유리한 금융상품이다. 불가피하게 보험계약을 중도해지했지만 다시 보험가입을 원할 경우에는 보험사에 해당 상품의 해지환급금이 지급되기 전 계약부활제도를 적용할 수 있는지 확인해 볼 필요가 있다.

"매월 5,000만 원 낸다는데 보험가입이 왜 거절되나요?"

자산가인 이진성 씨(가명)는 자녀들의 상속세를 해결할 목적으로 월 보험료가 5,000만 원인 거액의 종신보험에 가입했다. 본인의 사후에 자식들이 사망보험금을 상속세재원으로 쓰게 하려는 것이다. 청약서에 사인을 하고 첫 회 보험료까지 납입해 정상적으로 계약이 체결된 줄 알았다. 하지만 다음날 보험료가 되돌아왔고 김 씨는 보험계약인수가 거절됐다는 통보를 들었다. 이유는 건강검진 결과 간수치와 당화혈색소 등이 정상범위를 벗어났기 때문이다. 이 씨는 예상 밖의 결과에 당황했다.

흔히 보험은 돈만 있으면 언제든 가입할 수 있는 금융상품으로 생각하기 쉽다. 하지만 김 씨의 사례처럼 아무리 비싼 보험료를 내도 보험사로부터 가입이 거절됐다며 돈을 돌려받는 '반송'이 종종 발생한다. 통상 보험계약은 고객이 청약하면 보험사가 승낙하는 과정을 거치는데 보험사가 계약 자체를 거부하는 일이 생기는 것이다.

반송의 가장 큰 사유는 건강진단 결과다. 암에 걸리는 등의 특별한 치료이력만 없으면 가입하는 데 문제가 없다고 생각하기 쉽지만 이 씨의 사례처럼 검진 결과만으로도 보험가입이 거절되곤 한다. 일부 보험사의 경우 반송사유의 절반 가량이 건강진단 결과 때문일 정도다.

원인이 다양한 건강상의 이상증상이 나타났을 경우 보험사는 통상 원인이 확인되거나 증상이 사라질 때까지 보험가입 승낙을 미룬다. 병원의 의사들이 진찰하는 임상의학과 달리 보험의학은 고객이 제출한 과거의 병력과 현재 검사 결과만으로 미래를 예측해야 하기 때문에 모든 가능성을 가정해 보수적으로 판단하는 것이다.

두통, 흉통, 혈뇨처럼 당사자는 가볍게 여기는 흔한 증상이더라도 기저질환 가능성을 확인하기 위해 재검사 등을 요청받을 수 있다. 누구나 한번은 겪는 증상인 두통은 환자가 호소하는 통증의 양상에 따라 전혀 다른 진단이 나올 수 있다. 단순 편두통이라면 다행이지만 뇌출혈처럼 심각한 상황일 수도 있다.

특히 보험사에서는 증상만으로 판단하지 않고, 약관에서 보장하는 정확한 진단명에 해당할 때에만 보험금을 지급한다. 그렇다 보니 다양한 원인이 존재하는 증상에 대해서는 추후 문제가 생길 소지를 고려해 정밀진단을 요구한다. 가볍게 여기는 증상이더라도 원인, 횟수, 정도에 따라 보험료가 할증되거나 혹은 보험금을 지급하지 않는 부담보로 처리될 수 있다.

보험사의 자체 인수기준도 중요한 사유다. 보험사는 사별로 경험률을 가지고 보험계약을 인수하는데 수년간 경험치를 통해 보험사기, 부당청구 등이 의심되는 계약은 사전심사를 통해 인수를 거절한다.

대표적인 것인 재정심사다. 소득에 비해 과도한 사망보험금을 책정한 종신보험은 보험사기로 연결될 가능성이 높다고 보고, 일정 수준 이상의 재정상태를 확인한 후 보험가입을 허용한다. 중소기업을 운영하는 박주성 씨(가명)는 사망보장금액이 20

억 원인 종신보험을 가입하려고 했지만 가입이 거절됐다. 소득에 비해 사망보장금액이 지나치게 높았기 때문이다. 사망보장금액뿐 아니라 암 등의 주요 보장금액이 기준액을 넘은 경우도 인수가 거절될 수 있다.

박 씨의 사례처럼 보통 사망보장금액이 일정 수준을 넘어서면 재정심사를 하지만 특정 요건에 해당하면 사망보장금액과 상관없이 재정심사를 하기도 한다. 단기간에 집중적으로 보험에 가입하거나 한 번도 거래가 없던 고객이 특약도 없이 사망보장 위주의 고액에 가입하는 경우다. 재해사망, 재해장해 등 특정 보장에 집중적으로 가입하거나 부모 또는 배우자의 재정상태가 확인되지 않는 저연령고객이나 주부가 가입하는 경우도 해당된다. 이런 경우 보험사기 등으로 연결될 가능성이 높다고 보는 것이다.

또 가입하고자 하는 보험사가 아닌 다른 회사에 보험금지급을 청구한 적이 있다면 반드시 청약 전에 고지해야 한다. 고지를 통해 보험료가 할증되거나 일부 보장항목이 제외될 수는 있지만 가입거절은 피할 수도 있다. 고지의무는 병력, 음주·흡연 여부, 운전 여부, 해외위험지역 출국예정, 월소득 등 가입자에 대한 위험 정도를 측정하는데 필요한 주요사항이다. 고지의무사항을 알리지 않은 경우 반송되지 않더라도 나중에 보험금지급 거절사유가 되고 보험계약 자체가 해지될 수도 있다.

최근에는 인수거절로 인한 보험료반송을 줄이기 위해 보험사들이 가입심사를 먼저 진행하고 통과될 경우 계약을 진행하는 프로세스를 속속 도입하고 있다. 보험가입거절 때문에 보장시기를 놓치는 경우가 생기지 않도록 고액의 건강 또는 종신보험의 경우에는 반드시 사전에 심사를 거친 후 보험계약을 진행하는 편이 좋다.

#돈으로안되는보험도있어요

"임플란트 보험금 주는 종신보험이 있다고?"

김지민 씨(가명)는 얼마 전부터 갑자기 시작된 치통이 견디기 어려울 정도로 심해져 참다못해 임플란트 수술을 받았다. 김 씨는 따로 치아보험에 가입하지 못하고 수술을 한 탓에 생각지 못한 의료비지출로 걱정이 많았다. 마침 지인인 보험설계사에게 이런 고민을 털어놓으니 15년 전에 가입해 놓은 종신보험이 있지 않냐며, 그 보험으로 일부 보험금을 받을 수 있다는 얘기를 들었다. 치아보험도 아닌데 임플란트 보험금을 받을 수 있다는 말은 사실일까.

김 씨의 사례처럼 치아보험에 가입하지 않았더라도 과거에 가입한 일부 종신보험이나 건강보험 등 보장성보험에서 가입한 '수술보장 특약'을 통해 임플란트 수술에 대한 보험금을 받을 수 있다. 다만 모든 경우에 해당하는 것은 아니고 임플란트를 심기 위해 '치조골 이식술'을 시행한 경우에만 가능하다. 치조골은 치아의 뿌리가 박힌 뼈인데 임플란트를 넣을 때 치조골 상태가 좋지 않으면 치조골 이식을 하게 된다.

모든 보장성보험이 다 임플란트 보험금을 지급하는 것은 아니다. 국내 대부분의 생명보험사는 2006년 이전에 수술보장 특약을 통해 '골 이식술'을 보장했다. 일반적으로 1~3종수술이라고 불리는데, 보험금을 받을 수 있는 수술 종류를 1종, 2종, 3종으로 분류해 보험금을 차등 지급하는 특약이다. 골 이식술은 2종에 해당하는데, 상품별로 다르지만 일반적으로 1종 20만 원, 2종 50만 원, 3종 100만 원 정도가 기본금액이다.

보험사들은 현재 1~3종 수술보장 특약은 판매하지 않고 대신 1~5종으로 수술종류를 세분화한 특약을 판매하고 있다. 2006년 4월 이후부터 대부분의 상품에서 '치조골 이식술은 보장에서 제외된다'고 약관에 명시해 보험금을 지급하지 않는다.

한 가지 더 유의해야 할 점은 골 이식술을 해야만 보험금을 주기 때문에 '치조골 성형술' 등의 보충치료를 하는 임플란트는 보장되지 않는다는 것이다. 정리하면 2006년 이전 가입한 보험에 수술보장 특약이 있고, 치조골 이식술을 시행했다면 임플란트 수술에 대한 보험금지급이 가능할 수 있다. 다만 오래 전에 가입한 보험에서만 보장되고 조건이 까다롭다 보니 제대로 보험금을 받지 못하는 가입자들이 많다.

"배달음식 먹고 탈 나도 보험금 받을 수 있다던데…"

이영진 씨(가명)는 몇 년간 직장생활을 하면서 모은 돈에 대출까지 받아서 서울에 PC방을 차렸다. 하지만 가게를 운영한 지 얼마 되지 않아 코로나19가 확산되어 영업을 할 수 없게 됐다. 월세와 대출이자에 허덕이던 이 씨는 생계를 위해 PC방에서 팔던 음식을 배달하는 것으로 근근이 돈을 벌었다. 그러나 이전부터 음식이 맛있다고 소문났던 터라 주문이 늘고 있던 차에 한 손님이 이 씨의 배달음식을 먹고 급성장염에 걸렸다며 보상을 요구하는 일이 발생했다. 배달음식을 먹고 탈이 난 경우도 보험으로 보상받을 수 있을까.

흔히 매장 안에서 식사를 하지 않고 포장을 하거나 배달을 한 경우에는 보험으로 보상을 받을 수 없다고 생각하기 쉽다. 하지만 사업주가 음식물배상책임보험에 가입했다면 보상이 가능하다.

음식물배상책임은 일정 구역 내에서 타인에게 음식물을 만들어 판 후 그 음식물 때문에 생긴 우연한 사고로 인해 타인의 신체에 손해를 끼쳤을 경우 법률상 배상책임을 부담한다. 예를 들어 보험을 가입한 사업장에서 만들어 판 음식에 문제가 있어 탈이 나거나 예상치 못한 이물질로 인해 치아가 부러진 경우 등에 대해 보상을 받을 수 있다. 다만 보험사별로 약관내용에 따라 보상 여부가 달라질 수 있기 때문에 가입 전 자세한 내용은 다시 한번 확인해야 한다.

문제는 이 씨의 사례처럼 PC방에서 음식을 만들어 배달하는 경우에는 통상 화재보험에 가입하면서 음식물배상책임에 함께 가입하는 일이 드물다는 점이다. PC방이 갖는 일반적인 위험의 특성이 음식점과는 다르기 때문이다.

이 씨의 경우와 같이 사업장의 특성상 음식물배상책임에 가입하기 어렵다면 일부 보험사에서 판매하고 있는 배상책임종합보장에 가입하면 보상받을 수 있다. 배상책임종합보장은 피보험자가 소유, 사용 또는 관리하는 시설과 그 시설로 인한 사업활동을 수행하면서 생긴 우연한 사고로 타인의 신체에 피해를 입히거나 타인의 재물을 망가뜨려 손해가 발생한 경우 보상한다.

사업장을 운영하는 사업주가 시설소유배상, 음식물배상, 주차장배상 등을 따로 가입할 필요 없이 배상책임종합보장을 통해 한 번에 보장받을 수 있는 것이 장점이다. 종합보장의 특성상 해당 위험을 일부러 제외하지 않고 가입했다면 이 씨와 같은 사례의 PC방도 음식물배상책임까지 보장받을 수 있다. 다만 음식물배상책임은 판매하는 보험사별로 약관내용이 다 다르기 때문에 자세한 내용은 가입 전에 확인해야 한다.

한편 이 씨의 배달음식을 먹고 탈이 난 손님의 경우 실손보험에 가입했다면 사업주의 배상책임보험의 보상 유무와 관계없이 치료비를 받을 수 있다. 사업주에게 보상을 요구하는 것과 별개로 실손의료비를 청구할 수 있다는 말이다.

#한번에보장받는배상책임종합보장

“예상보다 오래 살면 보험금 못 받나요?”

김지석 씨(가명)는 몇 년 전 마주 오던 차량이 중앙선을 침범하며 정면충돌하는 큰 교통사고를 당해 식물인간 상태가 됐다. 김 씨의 자녀들은 가해차량 보험회사와 소송을 통해 김 씨가 중증 뇌손상으로 노동능력을 100% 상실했고, 기대여명은 약 4년 정도로 추정된다는 신체감정결과를 받아 입원비 등 모든 비용을 전액 보험금으로 지급받아 왔다.

그렇게 몇 년 후 병원에서 김 씨가 차도를 보이지 않는다고 하자 자녀들은 6개월 남은 김 씨의 기대여명기간 동안의 보험금을 일시에 받아 김 씨를 시설 좋은 요양원으로 옮겼다. 남은 날이라도 힘든 치료보다는 편안한 상태로 임종을 지키기 위해서다. 하지만 얼마 후 기적적으로 김 씨의 의식이 돌아왔고 예측했던 기대여명일을 지나서도 건강이 호전되기 시작했다. 김 씨의 자녀들은 너무 기뻤지만 한편으론 앞으로 발생할 치료비, 간병비 등을 어떻게 감당할지 걱정이 컸다. 이미 보험사로부터 예측 기대여명기간만큼의 보험금을 모두 받고 사고에 대해 합의종결했기 때문이다.

기적처럼 식물인간 상태에서 의식이 돌아온 김 씨와 자녀들은 이런 상황에서 더 이상 지원받을 수 있는 방법이 없는 걸까. 통상 교통사고로 가해차보험사와 합의한 후 보험금을 받아 해당 사고건이 종결되면 더 이상 추가로 보험금을 받을 수 없다. 특히 소송 건의 경우 확정판결을 받으면 이전 재판과 모순되는 판단을 할 수 없다는 '기판력(확정판결에 부여되는 구속력)'에 의해 재소송이나 재청구가 불가능하다.

하지만 김 씨처럼 식물인간이 된 상태에서 예측여명보다 더 생존한 경우라면 얘기가 다르다. 소송을 통해 예측여명만큼 이미 보험금을 지급받았더라도 다시 보험금을 청구할 수 있다. 이전 소송의 변론종결 당시에는 예견할 수 없었던 새롭고 중요한 후발적인 손해가 생겼을 경우 이전 소송의 기판력에 저촉되지 않기 때문이다.

실제로 김 씨와 유사한 판례에 의하면 '이전 소송의 변론종결 후에 새로운 적극적 손해가 발생한 경우 그 소송의 변론종결 당시 그 손해의 발생을 예견할 수 없었고(또 그 부분 청구를 포기했다고 볼 수 없는 등 특별한 사정이 있다면 전 소송에서 그 부분에 관한 청구가 유보되어 있지 않다고 하더라도) 이는 이전 소송의 소송물과는 별개의 소송물이므로 이전 소송의 기판력에 저촉되는 것이 아니다'라고 판시했다.

김 씨의 경우도 식물인간 상태에서 기대여명이 종전의 예측에 비해 수 년 연장된 채 그에 상응한 향후치료, 간병 등이 추가적으로 필요하게 된 것은 소송 당시에 예측할 수 없는 상황이기 때문에 다시 소송을 통해 보험금을 청구할 수 있는 것이다.

이와 반대로 김 씨와 유사한 사례에서 예측여명으로 산정된 보험금을 일시에 수령했지만, 예상보다 일찍 사망한 경우는 어떨까. 사망시점과 예측여명일과의 차이에 상응하는 보험금을 반환해야 할까.

결론부터 말하면 다시 돌려줄 필요가 없다. 유사한 판례에 따르면 '판결이 확정된 후 피해자가 그 판결에서 손해배상액 산정의 기초로 인정된 기대여명보다 일찍 사망한 경우라도 그 판결이 재심의 소 등으로 취소되지 않는 한 그 판결에 기하여 지급받은 손해배상금 중 일부를 법률상 원인 없는 이득이라 하여 반환을 구하는 것은 그 판결의 기판력에 저촉되어 허용될 수 없다'고 판결했다.

#새롭고중요한손해가생긴시점

"30대인데 치매 걸렸어요"

30대 직장인 김정훈 씨(가명)는 요즘 들어 부쩍 건망증이 심해져 고민이다. 직장상사가 5분 전에 전달한 업무지시를 기억하지 못하는가 하면 주말에 집으로 서류를 들고 가 놓고선 그 사실조차 생각나지 않아 곤경에 처하기도 했다. 농담처럼 '치매인가'라고 생각하고 넘기다가 최근에는 빈도가 너무 잦아서 불안해졌다. 결국 아내와 함께 병원을 찾은 김 씨는 충격적인 말을 들었다. '젊은 치매'라고 불리는 '초로기치매' 경증단계라는 것이다. 집에 돌아온 그는 혹시나 하는 마음에 가입한 보험을 살펴봤지만 치매를 보장해 주는 보험은 하나도 없었다. 치매는 중상이 심해질수록 병원비와 간병비 부담이 커진다는 얘기를 들은 터라 앞길이 막막했다. 아직 신혼인데 어린 아들과 아내 걱정이 컸다. 모아 놓은 돈도 많지 않아서 더 그랬다.

흔히 치매는 대표적인 고령질환으로 알고 있다. 하지만 최근에는 김 씨의 사례처럼 '영츠하이머(젊음+알츠하이머)'로 불리는 초로기치매환자가 급증하고 있다. 초로기치매는 65세 이전에 발생하는 치매다. 중앙치매센터 자료에 따르면 2018년 기준 치매환자 10명 중 1명이 초로기치매환자인 것으로 나타났다.

30대에 초로기치매 진단을 받은 김 씨가 만약 치매보험에 가입했다면 김 씨는 어떤 보장을 받을 수 있을까.

치매보험은 크게 진단비와 간병비를 보장해 준다. 통상 생명보험사는 치매보험진단비로 경증 200만~750만 원, 중등도 1,000만 원, 중증 2,000만 원 이상을 지급한다. 김 씨의 경우라면 경증치매에 해당하는 진단금액을 받을 수 있다.

과거에는 치매보험이 대부분 중증치매만 보장했던 탓에 김 씨 같은 경증치매환자는 보험금을 받기 어려웠다. 하지만 2017년 금융감독원 국정감사에서 이에 대한 지적이 나온 후 대부분의 보험이 경증치매까지 보장한다.

치매보험의 보장금액은 피보험자의 치매증상에 따라 달라진다. 따라서 치매단계를 정확히 파악하는 것이 중요하다. 치매증상 구분은 전문의(신경과 또는 정신건강의학과)가 실시하는 '치매임상평가척도' CDR(Clinical Dementa Rating scale)을 통해 알 수 있다. CDR 척도가 5점 만점에 1점이면 경증치매, 2점이면 중등도치매, 3점 이상일 경우 중증치매로 분류된다.

2019년 상반기까지만 해도 CDR검사를 받더라도 CT나 MRI에서 이상소견이 없고, 특정 질병코드에 해당하지 않으면 보험금지급이 거절되기도 했다. 하지만 2020년 7월부터 금감원의 권고에 따라 약관이 개정된 이후 전문의의 검사결과만 있으면 보험금을 받을 수 있다.

그렇다면 만약 김 씨가 치매보험에 가입해서 경증치매진단금을 받은 후에 증상이 심해지면 추가 진단비를 받을 수 있을까. 이런 경우에는 이미 받은 경증치매진단금에 해당하는 금액을 빼고 받는다.

예를 들어 김 씨가 경증치매로 500만 원의 진단금을 받은 후

증상이 심해져 중등도진단(보험금 1,000만 원)을 받았다면 중등도진단자금 1,000만 원에서 경증진단금 500만 원을 제외한 500만 원을 추가로 받는 것이다.

치매는 간병에 대한 부담이 다른 질환에 비해 훨씬 큰 만큼 적절한 간병비를 받을 수 있는지도 점검해 볼 필요가 있다. 간병비는 환자가 사망할 때까지 주는 종신형과 환자의 사망 여부와 상관없이 일정 횟수를 지급하는 확정형 상품으로 나뉜다. 통상 중증치매 진단 시 매달 50만 원, 100만 원 등 정액으로 주는 게 일반적이다.

한 가지 유의할 점은 치매보험은 '치매보장개시일'이 있어서 가입 후 일정 기간이 지나야 보험금을 받을 수 있다는 것이다. 치매보장개시일은 보험사별로 1년 혹은 2년으로 차이가 있기 때문에 자신이 가입한 보험약관을 확인해야 한다.

#있을때당연한데없으면불안한

"쌍둥이임신, 태아보험 몇 개 가입해야 해요?"

40대 직장인 박혜정 씨(가명)는 다소 늦은 결혼을 한 후 임신이 되지 않아 마음을 졸이다 지난해 인공수정으로 어렵게 아이를 가졌다. 그동안 임신에 실패할 때마다 혼자 울기도 많이 했고, 난임휴가도 냈었다. 아이만 생기면 세상 걱정이 없을 것 같았는데 막상 출산을 앞두자 걱정이 더 많아졌다. 노산인 데다 흔치 않은 세쌍둥이를 임신했기 때문이다. 남들은 한 번에 셋째까지 해결하니 얼마나 좋냐고 농담을 하지만 박 씨 마음은 행복하면서도 불안했다. 임신 전에 술을 너무 많이 마신 것은 아닌지 별 사소한 것까지 다 염려됐다. 그러던 중 담당 보험설계사를 통해 아이들의 건강 걱정을 덜어줄 태아보험가입을 권유받았다. 그런데 박 씨처럼 쌍둥이를 임신했을 경우에는 몇 건의 태아보험에 가입해야 할까.

흔히 태아보험이라고 불리는 보험상품은 사실 출생 이후 자녀의 질병 등을 보장하는 '어린이보험'에 태아 관련 특약이 부가된 상품을 실무적으로 부르는 명칭이다. 태아보험은 주로 출생 뒤 선천성질환으로 인한 입원과 수술, 인큐베이터비용 등을 보장한다. 또 성장과정 중 발생할 수 있는 암과 그 외 질병, 상해 등의 위험대비를 목적으로 한다. 이 때문에 출생에 따른 위험까지 보장하는 태아보험이 어린이보험보다 보장범위가 넓다.

최근에는 인공수정을 통해 임신하는 사례가 늘어나면서 쌍둥이를 갖는 경우도 증가하고 있다. 인공수정의 경우 쌍둥이를 임신하는 사례가 많아서다. 이럴 경우 태아보험은 각각 가입해야 한다. 박 씨처럼 세쌍둥이면 태아보험을 3건 가입해야 하는 식이다.

일반적으로 보험은 계약자와 피보험자를 특정해야 가입할 수 있다. 하지만 태아보험은 피보험자에 해당하는 태아가 출산 전이기 때문에 주민등록번호가 없어서 피보험자를 특정할 수 없다. 이 때문에 태아보험은 출산 전에 가상 피보험자인 '태아'로 가입하고 출생신고 이후 실제 태아의 식별번호(주민번호)로 등재하게 된다. 만약 박 씨처럼 세쌍둥이를 임신한 계약자가 있다면 이 역시 각 가입건에 대해 '태아'로 피보험자를 등록하고 출생 이후 피보험자를 변경하면 된다.

그렇다면 이렇게 여러 건으로 가입한 이후 태아 중 1인이 사산되는 경우는 어떻게 될까. 태아보험은 태아가 유산되거나 사산 등으로 출생하지 못하게 되면 계약이 무효가 된다. 따라서 이미 낸 보험료 중 1건에 대해서는 보험료를 돌려받게 된다. 15세 미만의 미성년자를 대상으로는 사망보험금이 지급되지 않는 것과 같은 원리이다.

또 쌍둥이의 경우에는 보험가입시기와 보장금액 등에 제한이 많다. 회사마다 차이는 있지만 통상 조산 등의 확률이 높다는 가정하에 임신 16주가 지난 이후에 가입이 가능하다. 보장금액도 일반 임신보다 줄어들게 되며 융모막과 양막수에 따라 가입이 제한되는 경우도 있다.

이 외에도 태아보험은 태아의 성별과 임신기간(태아보험기간)에 따라 보험료정산이 발생한다는 점에서 일반 보험과 차이가 있다. 태아보험은 통상 남아를 기준으로 위험률을 산정해 보험료를 책정한다. 이 같은 이유로 여아를 출산예정일에 출산할 경우에는 보험료를 일부 돌려받게 될 수도 있다.

또한 실제 출산일에 따라서 보험료가 달라지는데, 태아보험을 가입할 때 설계된 출산예정일보다 늦게 남아를 출산할 경우에는 그 차액을 되돌려 주기도 한다. 반대로 일찍 출산할 경우에는 보험료를 추가로 납입해야 할 수도 있다.

#태아보험은머릿수대로

"무급휴직하면 퇴직금도 깎이나요?"

중소기업을 운영하는 김대성 씨(가명)는 코로나19의 영향으로 주문물량이 줄어 직원들 월급을 주기 어려운 형편이 됐다. 김 씨는 고심 끝에 전 직원을 대상으로 3개월간 무급휴직을 단행하기로 했다. 직원들도 회사사정을 알고 이미 예상을 했었기 때문에 큰 반발은 없었다. 하지만 퇴직이 몇 년 남지 않은 일부 직원들이 문제였다. 이들은 퇴직금이 삭감될 것을 우려하면서 김 씨에게 본인들은 계속 일을 하겠다는 의사를 밝혔다.

코로나19 여파로 대기업과 중소기업을 가리지 않고 실적이 악화하면서 고육지책으로 무급휴직을 택하는 회사가 늘고 있다. 직원들 입장에서는 당장 월급이 끊기는 데다 나중에 퇴직금마저 깎이는 게 아닐까 근심이 깊어질 수밖에 없다. 김 씨의 회사처럼 회사사정으로 무급휴직을 하게 되는 근로자들의 퇴직금은 그만큼 줄어들까.

과거에는 회사가 일시금 형태로 퇴직금을 직접지급하는 퇴직금제도를 운영하는 곳이 많았다. 하지만 회사의 경영상황과 상관없이 안정적으로 퇴직금을 확보하고 싶은 근로자와 퇴직금 관리에 수반되는 업무를 번거롭게 생각하는 회사들이 늘면서 자연스레 퇴직연금제도가 대세로 자리잡고 있다.

퇴직연금과 퇴직금제도는 운영 방식이 다르지만 퇴직 이후 근로자가 받게 되는 재원을 계산하는 방식은 동일하다. 통상 퇴직일 이전 3개월간 급여와 직전 1년간 지급된 상여금으로 계산한 평균임금에 근속기간을 곱한다. 이 때문에 가장 중요한 것이 퇴직 직전의 급여와 근속기간이다.

그렇다면 무급휴직을 하게 되는 근로자의 퇴직금은 그만큼 줄어들까. 결론적으로 말하면 전혀 상관이 없다. 퇴직금은 '직전 3개월 일 평균임금 × 30일 × (총 계속근로기간/365일)'로 계산한다.

여기서 평균임금은 '직전 3개월 급여합계/직전 3개월 일수'로 계산된다. 급여에는 기본급, 연차수당, 정기상여금이 포함되며 중식비, 차량유지비, 비정기상여 등은 제외된다.

무급휴직기간은 근로기간에 포함되며, 무급휴직으로 줄어든 임금은 평균임금산정에 포함되지 않는다. 육아휴직도 무급휴직과 동일하게 퇴직금산정에 영향을 끼치지 않는다. 예를 들어 10년 근무 후 퇴직한 경우와 육아휴직을 2년 사용하고 퇴직한 경우 근속이 2년 더 인정돼 퇴직금을 20% 더 받을 수 있다.

또 퇴직 직전 평균임금과 근속기간을 잘 활용하면 퇴직금을 다소나마 늘릴 수 있다. 연봉인상·하락시기와 연차수당, 야근수당 등을 잘 고려해야 한다. 인사고과를 잘 받거나, 승진 등으로 연봉이 인상되는 경우는 인상 후 3개월이 지나야 임금상승분에 비례해 퇴직금이 늘어난다. 반대로 임금피크제 등으로 급여하락이 예상된다면 퇴직금을 DC(확정기여)형으로 전환해 퇴직금하락을 최소화할 수 있다. 또 퇴직 전 3개월간 야근수당이나 연차수당이 많아도 퇴직금이 올라가는 효과가 있다.

퇴직금이 가장 높은 달이 있다. 평균임금은 3개월간 지급받은 임금을 그 기간의 총일수로 나눠 계산하는데 산정월에 따라

89~92일까지 달라진다. 5월 1일 퇴직 시 일수가 89일로 1년 중 평균임금이 가장 높아진다. 반면 6월 1일에 퇴직하면 일수가 92일로 늘어나 평균임금이 낮아진다. 예를 들어 평균임금이 800만 원인 20년 근속직원의 경우 1달 차이로 500만 원 넘게 퇴직금차이가 발생하기도 한다.

세금문제도 있다. 퇴직금수령 방식은 일시금수령과 연금수령 등 두 가지로 나뉘는데, 수령 방식에 따라 세금차이가 꽤 크게 발생한다. 20년 근속 후 2억 원의 퇴직금을 받는다면 일시금수령 시에는 약 1,050만 원, 연금수령 시에는 약 730만 원의 세금을 내야 한다. 연금으로 받을 경우 약 30%의 절세효과가 있는 셈이다.

또 근속기간이 길수록 공제되는 세금이 커지는데, 이를 감안하면 근속기간이 짧을수록 연금으로 받는 것의 절세효과가 커진다.

#퇴직금이가장높은달이있다

"10만 원만 주면 낸 보험료 다 받아준다는데요?"

30대 직장인 김진우 씨(가명)는 가입했던 보험을 해지하기 위해 인터넷으로 이것저것 알아보던 중 SNS에 올라온 광고 하나를 봤다. 해약환급금 대신 납입한 보험료 전액을 돌려받을 수 있도록 민원을 대신해 준다는 것이다. 김 씨는 해당 민원대행업체에 10만 원의 착수금을 내고 민원대행을 의뢰했지만 아무리 기다려도 보험료를 돌려받지 못했다. 착수금이라도 돌려달라고 여러 차례 연락했지만 묵묵부답이었다. 김 씨는 얼마 후 해당 업체가 불법행위로 벌금형을 선고받았다는 사실을 알게 됐다.

보험에 가입하고 오랫동안 유지하면서 혜택을 받으면 가장 좋지만, 피치 못할 사정이나 기존 보험계약에 불만을 느껴 보험계약을 해지하는 경우가 생긴다. 이때 고객이 되돌려 받는 돈을 '해약환급금'이라고 한다. 가입기간이 길거나 수익률이 좋을 경우에는 해약환급금이 이미 낸 보험료보다 많다. 문제는 대부분의 경우 납입한 보험료에 미치지 못하는 경우가 많다는 것이다. 보험에 가입한 기간 동안 보험회사에서 고객에게 제공한 보장에 대한 대가이긴 하지만 고객 입장에서 생각하면 아까울 수 있다.

이런 점을 노리고 납입한 보험료를 전액 받게 해주겠다는 민원브로커업체들이 우후죽순 늘고 있다. 이들은 현재 가입된 보험계약뿐만 아니라 해약한 지 10년이 넘은 계약까지도 보험료를 돌려받을 수 있다며, 착수금과 성공보수를 요구한다. 이런 식으로 받아내는 보험료는 문제가 없을까.

문제가 없을 것 같아 보일 수도 있지만 명백한 불법이다. '변호사법'에 따라 '변호사가 아닌 자가 법률사무를 취급하거나 이익을 얻을 목적으로 상담이나 광고도 할 수 없기' 때문이다. 실제로 2021년 2월 납입한 보험료 전액을 돌려받을 수 있도록 민원을 대행해 주겠다는 명목으로 착수금과 성공보수를 받은 한

업체가 변호사법 위반 혐의로 벌금 300만 원의 유죄판결을 받기도 했다.

과거에도 유사 판례가 있었다. 2017년 손해사정사 2명이 보험사에 보험금을 대리청구해 주고, 이 과정에서 보험사가 지급을 거절하는 등 협의가 잘 이뤄지지 않자 피보험자들을 대신해 이들의 이름으로 금융감독원에 민원을 제기한 것이다. 이때 손해사정사들은 피보험자들로부터 보험금의 10~20%를 수수료로 받기로 했었다.

이에 대해 수원지법은 위법하다고 판단해 각각 벌금 700만 원, 500만 원을 선고했다. 즉 손해사정사가 금품을 받거나 보수를 받기로 하고 피해자측을 대리 또는 대행해 보험사에 보험금을 청구하는 것은 손해사정사 업무범위를 벗어난 것으로 판단했다.

민원브로커를 통해 실제로 민원이 해결되는 확률이 낮다는 점도 알아야 한다. 업계에서는 브로커들을 통해 돌려받는 비율을 15% 미만으로 본다. 나머지 85%는 착수금 등의 명목으로 돈만 날리는 셈이다. 그렇다면 돌려받는 15%는 어떻게 된 걸까. 보험브로커들은 통상 금융당국에 반복적으로 민원을 제기하라고 하면서 자신들도 같이 민원을 내는 식으로 돈을 받아낸다.

한마디로 '생떼'를 써서 보험사를 공격하는데, 보험사들은 악의적이라는 것을 알면서도 여러 가지 대외평가 때문에 어쩔 수 없이 지급하는 경우가 생긴다. 이렇게 지급된 보험금과 불필요한 민원처리를 위해 투입된 인적자원 등은 결국 손해율을 높여 보험료인상이라는 악순환을 만든다.

그렇다면 보험과 관련한 불만이 생겼을 때는 어떻게 해결하는 것이 좋을까. 보험업은 보험료를 내고 보험금을 받는 상품의 특성상 타 금융권보다 민원이 많다. 이 때문에 대부분의 보험사들은 소비자 보호부서 등을 운영한다. 보험상품 관련 불만이나 문제가 생겼을 때는 우선 담당 설계사와 상담하거나 해당 보험사의 소비자 보호 담당 부서와 상의하는 것이 합리적이다. 이후에도 불만이 해소되지 않는다면 금융감독원 민원사이트에 접수해볼 수 있다. 그래도 만족할 만한 결과를 얻지 못한다면 변호사를 선임해 재판을 진행하기도 한다.

#대신받아준다는달콤한유혹속지말아요

"아파트 한 채만 있어도 상속세 내야 하나요?"

서울에 거주하는 60대 김정미 씨(가명)는 최근 보유하고 있는 아파트, 다세대주택의 부동산가격이 올라 기분이 좋지만 한편으로는 걱정도 크다. 얼마 전 먼저 세상을 떠난 자신의 언니도 부동산 등 자산이 상당했는데 조카들이 거액의 상속세를 내느라 쩔쩔매는 걸 봤기 때문이다. 김 씨의 경우 미리 증여도 전혀 하지 않은 상태라 상속세를 아끼려면 어떻게 해야 하는지 고민이다.

상속세라고 하면 흔히 소수의 자산가들이 내는 세금이라고 생각하기 쉽다. 하지만 상속세에 대한 걱정은 비단 삼성가와 같은 대기업 회장이나 일부 자산가들에게만 해당되는 얘기는 아니다. 최근 몇 년 새 부동산, 주식 등 자산가치가 크게 상승하면서 상속을 고민하는 사람이 늘고 있다. 일반적으로 재산규모가 10억 원을 넘으면 상속세대상이 될 수 있어서다. 최근 서울 평균 아파트값이 11억 원을 돌파했으니, 아파트 한 채만 소유해도 상속세 대상이 될 수 있다.

상속세는 배우자와 자녀가 있는 경우 최소 10억 원까지는 공제된다. 공제하고 난 금액인 과세표준이 1억 원 이하 시 10%의 최소세율이, 30억 원 초과 시 50%의 최고세율이 적용된다. 30억 원이 넘는 고가아파트를 보유하고 있다면 50%의 세율이 적용돼 재산의 절반을 세금으로 내야 할 수도 있다.

상속세는 다른 세금에 비해 세율이 높고, 누진세율 방식이 적용돼 자산이 많을수록 부담이 크다. 또 상속개시일 이후 6개월 내 현금납부가 원칙인데, 대부분의 자산이 부동산에 집중돼 있는 경우 유동성 문제로 어려움을 겪을 수 있다. 사전 준비 없이 갑작스레 상속이 개시되면 시세보다 낮은 가격으로 부동산을 처분하거나 기준시가가 적용되는 물납으로 상속세를 납부하게 돼 상당한 자산손실을 볼 수도 있다. 주식이나 펀드에 자금이

묶여 있는 경우에도 부동산과 같이 상속시점에 손해를 보고 환매해야 하는 경우가 발생할 수 있다.

상속세부담을 줄이는 대표적인 방법은 생전에 재산을 배우자나 자녀명의로 이전하는 사전증여를 활용하는 것이다. 사전증여 시 사망시점에 보유재산이 줄어 상속세를 절감할 수 있다. 증여재산은 10년 합산해 배우자 최대 6억 원, 자녀 최대 5,000만 원(미성년 자녀는 2,000만 원)까지 공제받을 수 있다. 10년이 경과하면 다시 공제가 가능하므로 10년마다 증여하면 효과적이다.

증여세와 상속세는 세율(10~50%)이 동일하지만, 모든 재산이 이전되는 상속과 달리 증여는 원하는 일부 재산만 이전할 수 있다. 현재 낮게 평가됐지만 향후 가치가 상승할 가능성이 높은 재산을 사전에 증여하면 상속세를 크게 줄일 수 있다.

나이가 많다면 자녀를 거치지 않고 손주에게 직접 증여하는 '세대생략증여'를 활용하는 것도 좋은 방법이다. 2세대를 거쳐야 할 증여·상속세를 한 번으로 줄여 절세할 수 있다. 특히 부동산자산은 취득세를 한 번만 내면 돼 절세에 더욱 효과적이다. 다만 세대생략증여는 일반적인 증여세율보다 30%(증여가액 20억 초과 시 40%)가 할증된 세율이 적용되므로 꼼꼼히 따져봐야 한다.

상속세납부재원을 마련하는 것도 중요하다. 요즘 많이 쓰는 방법은 종신보험을 활용하는 것이다. 종신보험은 선취자산의 성격이 있어 가입과 동시에 보장금액을 확보할 수 있는 것이 가장 큰 장점이다. 또 부동산, 주식 등 실물자산처럼 가격하락이나 급매에 따른 손실 등의 위험이 없기 때문에 납부재원으로 확보하기 좋다.

예상되는 상속세 규모를 사전에 파악해 종신보험을 준비하면 사망보험금을 상속세 재원으로 확보할 수 있다. 회사마다 다르지만 일반적으로 종신보험의 가입한도는 30억 원까지 설정할 수 있다. 종신보험에 가입할 때 계약자와 피보험자가 동일하면 사망보험금도 상속재산으로 간주돼 상속세가 부과될 수 있다.

이 경우 본인을 피보험자로 하고, 계약자와 수익자를 보험료 납입능력이 있는 배우자나 자녀로 지정하면 사망보험금은 상속재산에 포함되지 않아 절세효과를 높일 수 있다. 다만 계약자가 실제 보험료를 부담해야 하므로 배우자나 자녀의 재산이나 수입이 없을 경우 사전증여 등을 통해 보험료납부 자금을 마련해야 한다.

부동산자산이 많은 부유층의 경우 자녀에게 임대부동산 등을 사전에 증여하고 임대수익으로 보험료를 내도록 하면 재산도 물려주고 세부담도 줄이면서 상속세납부 재원도 마련하는 효과를 볼 수 있다.

종신보험 외에도 상속형연금보험을 통해 상속세납부 재원을 마련할 수 있다. 상속형연금보험은 매월 원금에 대한 이자를 연금 방식으로 수령하고, 사망하면 일시금을 상속인(배우자, 자녀 등)에게 물려주는 상품이다. 본인은 연금을 노후생활에 활용할 수 있고, 상속인은 일시금을 상속세납부에 활용할 수 있다.

또 저축성보험에 적용되는 비과세한도를 활용해 금융소득종합과세에 대한 부담도 덜 수 있다. 저축성보험은 5년 이상 납입하고 10년 이상 유지하면 이자소득세 비과세 대상이다. 저축성보험의 비과세한도는 일시납보험료 1억 원 또는 월납보험료 150만 원 이하다.

대부분의 보험사에서는 상속인에게 소득세법상 이자소득세가 부과되지 않는 사망보험금의 형태로 일시금을 지급하기 때문에 이자소득세를 납부하지 않고 보험금상속이 가능하다. 다만 이 경우 상속인이 수령한 보험금은 상속재산에 포함돼 상속세를 납부해야 한다.

끝으로 상속과 관련해 보험을 활용할 때 계약관계자 설정과 자금출처 등을 제대로 하지 않는다면 불이익을 볼 수 있다는 점에 유의해야 한다.

#상속관련보험은자금출처신경써야

Chapter 7

베테랑 설계사도 궁금한 보험 이야기(Q&A)

— 자동차보험 편

“아내명의로 차보험 바꿨다 보험료폭탄… 왜죠?”

얼마 전 보험회사로부터 자동차보험 갱신안내를 받은 30대 직장인 김세진 씨(가명)는 보험료를 조회해 보고 깜짝 놀랐다. 몇 달 전 아내와 여행을 가던 중 추돌사고를 내서 보험료가 조금 오를 것이라고 생각했지만, 연간 70만 원이던 자동차보험료가 30% 넘게 올라 거의 90만 원대가 됐기 때문이다. 지난 사고뿐만 아니라 이전에 냈던 다른 사고이력까지 더해져 보험료가 할증된 것이다.

지난해에도 사고로 자동차보험료가 올라 내심 못마땅했던 김 씨는 올해도 또 보험료가 오른다고 하자 너무 아깝다는 생각이 들었다. 보험료를 낮출 방법을 고민하던 김 씨는 본인 소유 자동차명의를 아내로 변경하고, 이 차량의 피보험자를 아내로 바꾼 후 본인도 운전이 가능하도록 '부부한정 특약'을 포함해 자동차보험에 새롭게 가입하겠다고 연락했다. 아내는 사고를 낸 이력이 없기 때문에 보험료가 더 저렴할 거라고 생각한 것이다. '역시 사람은 머리를 써야 한다'며 자신의 기지에 감탄한 김 씨. 이들 부부의 자동차보험료는 더 싸졌을까.

하지만 김 씨 부부는 보험료 할인은커녕 보험사로부터 오히려 100만 원이 넘는 보험료를 내야 한다는 연락을 받았다. 어떻게 된 일일까.

자동차보험료는 다양한 요인에 의해 정해지는데, 일정 기간 동안 사고유무에 따라 갱신할 때 보험료가 할인되기도 하고 할증되기도 한다. 가입기간 동안 보험금을 청구한 유사고자와 보험금을 청구하지 않은 무사고자가 내는 보험료의 형평성을 맞추기 위해 사고유무에 따라 할인·할증을 조정하는 것이다.

자동차보험을 판매하는 손해보험사들이 운영하는 할인·할증 제도 중에는 '특별할증'이라는 것이 있다. 김 씨처럼 사고를 내

보험금을 타고도 보험료할증을 고의로 피하기 위해 동일한 피보험자동차를 두고 피보험자명의만 바꿔서 자동차보험에 가입하려는 등의 블랙컨슈머(악성소비자)를 방지하기 위해 마련된 일종의 '패널티'인 셈이다.

자동차보험표준요율서상 특별할증적용 대상에는 ▲보험사기와 같은 위장사고 ▲자동차를 이용한 범죄행위 ▲피보험자를 변경해 할증보험료를 회피하는 경우 등이 해당한다. 보험사별로 차이는 있지만 해당 가입자에게는 통상 50~60%의 보험료 할증이 부과된다.

보험료할증뿐만 아니라 상황에 따라 차량명의를 변경하면서 세금이 발생하는 경우도 있다. 다만 당장은 사고이력으로 할증되더라도 그 이후부터 무사고이력이 몇 년간 쌓이면 다시 보험료가 할인되기도 한다.

#내가아는건남도안다

"200만 원 주고 산 중고차, 보험들 땐 400만 원?"

이성진 씨(가명)는 최근 운전면허를 따고 운전연습을 할 겸 중고차를 마련했다. 운전이 익숙해지면 새차로 바꿀 요량으로 200만 원을 주고 저렴한 차량을 구매했다. 그런데 차량출고 전 자동차보험에 가입하려고 보니 보험설계사가 보내온 자동차보험견적서에는 차량가격이 400만 원으로 기재돼 있었다. 구매가격보다 비싼 만큼 자동차보험의 자기차량담보 보험료도 높게 책정돼 있었다. 이 씨는 보험사에서 보험료를 비싸게 받으려고 차량가격을 높게 매긴 것은 아닌지 의심이 들자 운전대를 잡아보기도 전에 기분이 크게 상해버렸다.

중고차를 구매해 본 적이 있다면 이 씨처럼 구매가격과 자동차보험가입 시 책정가격이 달라 의아했던 경험이 있을 것이다. 자동차보험은 ▲대인 ▲대물 ▲자기신체손해 ▲자기차량손해 등의 보장항목으로 이뤄져 있다. 이 중 보험에 가입된 본인 차량에 직접적인 손해가 발생한 경우에 보상해 주는 '자기차량손해'담보의 경우 차량의 가격에 따라 보험료가 달라진다.

자기차량손해담보의 보험료산정에 사용되는 차량가격은 보험사가 임의로 정하는 것은 아니다. 보험료율을 산정하는 보험개발원에서 매 분기 제공하는 차량가액을 기준으로 사용한다. 보험개발원은 차량의 상태, 주행거리 등에 따라 다양한 시장거래가액의 평균치를 기준으로 책정하기 때문에 중고차를 사고 팔 때의 실제 거래금액과 차이가 나는 경우가 발생하는 것이다.

보험사가 마음대로 차량가격을 정하는 것이 아니더라도 저렴하게 중고차를 구매했다면 굳이 비싼 보험료를 내고 싶지 않을 수 있다. 이럴 때는 가입자가 차량가액을 임의로 조정할 수도 있다. 이 씨의 경우 자동차보험가입 시 차량가격을 실제 중고차 매입가격인 200만 원으로 수정할 수 있다는 것이다. 일반적으로 보험가액보다 보험가입금액이 적은 경우를 '일부보험'이라고 한다. 이 씨처럼 차량가액은 400만 원이지만 보험가입금액을 200만 원 일부만 입력해 보험에 가입한 경우가 해당된다.

통상 일부보험의 경우 사고가 발생하면 가입비율에 따라 보상을 받는다. 예를 들어 1억 원짜리 건물에 50%에 해당하는 5,000만 원만 보험가입을 했다면 화재로 3,000만 원 손실이 났더라도 50%인 1,500만 원만 보상이 된다.

하지만 자동차보험의 자기차량손해담보는 일부 보험비례 보상규정이 적용되지 않는다. 입력된 차량가격 한도 내에서 수리비를 보상받을 수 있다. 만약 이 씨가 차량가액을 200만 원으로 조정해 보험에 가입한 상태에서 접촉사고로 인해 100만 원의 수리비가 나왔다면 50만 원이 아닌 자기부담금을 제외한 수리비 전액이 보상된다. 다만 수리비가 250만 원이 나왔다면 가입한 차량가격을 넘어섰기 때문에 한도금액인 200만 원까지만 보상받을 수 있다.

문제는 큰 사고로 인해 폐차한다거나 폭우로 인해 침수되는 전손(전체손해)사고가 발생할 경우다. 이 씨의 경우 이럴 때도 200만 원 한도로만 보상이 된다. 자동차보험에 가입할 때 보험료를 줄이기 위해 임의로 차량가액을 줄이는 경우가 종종 있다. 이 경우 사고가 났을 때 줄인 차량금액 한도로만 보상이 돼 난

감한 경우도 있기 때문에 차량의 종류와 가치, 가격 등을 감안 해 충분한 보상이 되는지 꼼꼼히 따져봐야 한다.

#차량가격을보험사가정하는건아니다

"외국인 사위가 낸 차사고, 보상되나요?"

이수지 씨(가명)는 2년 전 우연히 교환학생으로 한국에 와 있던 미국인 타이슨(가명)을 만나게 됐다. 서로 말은 안 통했지만 처음 만났을 때부터 강한 끌림을 느꼈고, 곧 연인이 돼서 1년 전 서로에 대한 믿음 하나로 서울에서 결혼식을 올렸다. 이후 곧바로 미국으로 건너가 혼인신고를 했고, 한국에서는 따로 혼인신고를 하지 않았다. 둘은 2021년 초 결혼 후 처음으로 한국에 들어와 가족들과 함께 휴가를 보내다가 코로나19 사태로 한국에 예상보다 오래 머물게 됐다.

한국생활이 길어지자 타이슨은 장인의 허락 하에 장인 소유 차량을 종종 운전했다. 어느 날 타이슨이 혼자 운전하던 중 길을 건던 행인 3명을 치는 큰 사고를 내고 말았다. 타이슨은 국제 운전면허를 소지하고 있었고, 장인은 자동차보험에 가입할 때 '가족한정운전 특약'에 가입돼 있어 사고 직후 보험사에 사고접수와 대인배상보험금을 청구했다. 타이슨은 장인이 가입한 자동차보험 보험사를 통해 보험금을 받을 수 있을까.

자동차보험약관상 가족한정운전 특약에서 의미하는 가족의 범위는 ▲기명피보험자의 부모 ▲배우자 ▲배우자의 부모 ▲자녀 ▲자녀의 배우자다.

문제는 자동차보험표준 약관에 타이슨처럼 외국인 사위가 국내가 아닌 해외에서 혼인신고를 한 경우에도 가족한정운전 특약에서 자녀의 배우자 즉, 사위로 인정하는지 구체적으로 정해지지 않았다는 점이다.

자동차보험은 '약관에서 정하지 않은 사항은 대한민국 법령을 적용한다'고 돼 있어 이 건은 관련 법규정을 살펴봐야 한다. 우선 국제사법(제36조 혼인의 성립)에서는 혼인의 성립요건이 각 당사자의 본국법에 의한다고 돼 있다. 혼인의 방식은 혼인거행지

법 또는 당사자 일방의 본국법에 의한다. 이를테면 대한민국에서 혼인을 하면 당사자 중 한 명이 대한민국 국민인 때에는 대한민국법에 의한다고 돼 있다.

또 민법(제81조 혼인의 성립)에서 혼인은 '가족관계의 등록 등에 관한 법률'에 정한 바에 의하여 신고함으로써 그 효력이 생긴다고 돼 있다. 신고는 당사자 두 명과 성인인 증인 2명이 연서한 서면으로 해야 한다.

위의 사례에서 이수지 씨와 타이슨은 미국에서 혼인신고를 했다 하더라도 국내에서는 결혼식만 올렸기 때문에 대한민국 법률상 두 사람은 법률혼 관계가 아닌 사실혼 관계의 부부에 해당한다. 따라서 타이슨은 기명피보험자인 장인의 딸인 이수지 씨의 사실혼 배우자다. 약관상 '기명피보험자의 사위'에 해당하지 않기 때문에 가족한정운전 특약 위반으로 보험사는 면책이 된다.

꼭 외국인이 아니더라도 자녀가 배우자와 혼인신고를 하지 않으면 사실혼 관계라 할지라도 가족한정운전 특약이 적용되지 않아 유의해야 한다. 형제·자매·남매, (외)조부모, 손자·녀, 동거인, 고용인 등도 가족에 포함되지 않는다. 다만 자동차보험

약관에서는 부부한정운전 특약 또는 가족한정운전 특약에서 기명 피보험자의 배우자는 '법률상 또는 사실혼 관계의 배우자' 까지도 포함한다.

#법률상혹은사실혼관계배우자보장은어디까지

"전처와 사는 아들이 망가뜨린 남의 차, 내 보험으로 보상되나요?"

홍성진 씨(가명)는 아내와 오랜 갈등 끝에 이혼했다. 시댁과의 갈등이 컸다. 홍 씨의 어머니는 상당한 자산가로 홍 씨가 결혼했을 때부터 줄곧 경제적인 원조를 했다. 대신 아내에게 요구하는 게 많았고, 아내는 스트레스로 힘들어했다. 아내는 그때그때 화가 나는 일이 있으면 풀고 싶어 하는 성격이었지만 홍 씨는 화가 나면 입을 닫는 스타일이었다. 둘은 아이를 위해서도 매일 싸우는 모습을 보이느니 헤어지는 게 낫겠다고 합의했다. 얼마 전 초등학교에 입학한 아들은 아내가 키우기로 합의했다. 홍 씨는 매달 양육비를 보내고, 정해진 날짜에 맞춰 아들을 만나 시간을 보내왔다. 그러다 홍 씨의 아들이 아파트단지 내에서 아동용킥보드를 타다 주차된 차를 망가뜨리는 사고가 발생했다. 망가진 차를 보상해야 할 상황에 처한 그의 전 아내는 홍 씨에게 도움을 요청했고, 홍 씨는 마침 몇 해 전 일상생활배상책임보험에 가입한 것이 생각났다.

홍 씨의 사례처럼 이혼한 배우자와 함께 사는 아들이 낸 사고를 냈다면 가입한 보험으로 보상받을 수 있을까.

홍 씨가 가입한 일상생활배상책임보험의 피보험대상에 자녀까지 포함된다면 보상이 가능하다.

일상생활책임보험은 일상생활배상책임, 가족일상생활배상책임, 자녀일상생활배상책임 등으로 피보험대상의 범위에 따라 이름이 조금씩 다르다. 통상 많이 가입하는 가족일상생활배상책임은 '본인 및 약관에 정한 가족의 일상생활 및 보험증권에 기재된 주택의 소유, 사용 또는 관리로 인한 사고로 타인의 피해(대인) 또는 재물의 손해(재물)에 대한 법률상 배상책임'을 부담한다.

이때 약관에 정한 가족이란 크게 3가지로 볼 수 있다. 피보험자의 가족관계등록상 또는 주민등록상에 기재된 배우자와 피보험자 본인 또는 배우자와 생계를 같이 하고, 보험증권에 기재된 주택의 주민등록상 동거 중인 동거친족이 해당된다. 여기서 친족이란 민법 제777조에 따라 8촌 이내의 혈족, 4촌 이내의 인척, 배우자를 포함한다. 이에 따르면 함께 살고 있는 어린 조카의 실수로 배상책임이 발생한 경우에도 보상이 가능하다.

끝으로 피보험자 본인 또는 배우자와 생계를 같이하는 별거 중인 미혼자녀를 포함한다. 예를 들어 지방에 거주하는 부모의 자녀가 학교를 다니기 위해 서울에서 자취를 하는 경우 등이 이에 해당한다. 앞선 홍 씨의 사례와 같이 아들이 이혼한 배우자와 함께 살더라도 가족관계등록상 자녀로 확인되고, 생계비를 부담하고 있다면 피보험자 본인과 생계를 같이하는 별거 중인 미혼자녀로 인정돼 보상받을 수 있다.

홍 씨와 유사한 사례로 자전거를 타다가 사고가 났다고 해도 보상이 가능하다. 다만 아동용킥보드가 아닌 전동킥보드로 인한 사고라면 얘기가 달라진다. 전동킥보드는 도로교통법상 자동차로 분류하기 때문이다.

가족일상생활배상책임과 피보험대상이 다른 담보인 일상생활배상책임은 본인과 배우자, 만 13세 이하 자녀가 피보험대상으로 보고, 자녀일상생활배상책임은 자녀만 피보험자에 해당된다.

일상생활배상책임은 보상한도 내에서 실제로 발생한 손해액만큼 보상하는 특약이기 때문에 중복보상이 되지 않는다. 하지만 이를 모르고 중복가입하는 경우가 많다. 만약 중복으로 가입했다면 보상은 어떻게 될까. 일단 가입한 각각의 보험에서는 다른 보험을 가입하지 않은 것으로 간주해 보상금액을 산정한다.

예를 들어 30만 원의 손해액이 발생하고, 부모가 각각 보상받을 수 있는 일상생활배상책임보험에 가입돼 있다고 가정해보자. 이때 한 보험은 자기부담금 2만 원, 다른 계약은 20만 원이라고 하면 각각의 보험은 손해액 30만 원에서 자기부담금을 제외한 금액을 보상손해액으로 산출한다. 이 경우라면 각각 28만 원과 10만 원이 된다.

이후 산정된 보상금액의 합계가 총 손해액을 넘지 않는지 따져본다. 앞선 가정이라면 총 보상손해액이 38만 원으로 실제손해액 30만 원을 초과하게 된다. 이 경우 38만 원 중에서 각각의 계약에서 산출한 보상손해액인 28만 원과 10만 원의 비율에 따라 나눠 지급한다. 결론적으로는 각각 약 22만 원과 8만 원 가량이 지급돼 가입자는 총 30만 원을 받게 되는 것이다.

이 때문에 일상생활배상책임보험을 중복으로 가입하는 경우 가입한도가 늘어나고 자기부담금은 줄어드는 효과가 생기게 된다. 자기부담금은 가입시기에 따라 달라진다. 2007년 4월 이전에 가입했다면 대인과 대물 모두 1 사고당 자기부담금 2만 원을 제외하고 1억 원 한도 내에서 보상한다. 이후에는 자기부담금이 대인은 발생하지 않고, 대물은 1 사고당 20만 원이 발생하는 특약이 판매됐다. 최근 판매되고 있는 상품은 일반 대물사고는 자기부담금 20만 원, 누수사고의 경우에는 자기부담금 50만 원이 적용된다.

#이혼해도보험은계속된다

만취해 내 차 밑에서 잠든 사람을 쳤다면… 내 과실은?

박진우 씨(가명)는 오랫동안 교제한 여자친구에게 일방적인 이별통보를 받고 괴로워하다 친구들과 낮부터 술을 마셨다. 속상한 마음에 평소보다 많이 마신 박 씨는 인사불성이 돼 집으로 돌아가던 중 길가에 서 있던 대형트럭 아래로 들어가 그만 잠이 들고 말았다. 잠깐 볼일을 보고 차량으로 돌아온 트럭 운전자 이민석 씨(가명)는 자신의 차량 아래에 사람이 있을 것이라곤 상상조차 하지 못한 채 주위를 살피지 않고 그대로 운전대를 잡았다. 이 씨는 트럭을 운행하기 위해 후진을 하던 중 잠들어 있던 박 씨를 치고 말았다. 박 씨는 병원으로 옮겼으나 숨졌다.

몇 년 전 실제로 벌어졌던 이 사건은 사망한 박 씨의 사연도 참 안타깝지만, 자신도 모르던 사이에 차량 아래 사람이 잠들어 있었다는 걸 사고가 난 후에야 알게 된 이 씨의 당황스러움과 억울함도 컸다. 이 씨는 박 씨의 죽음에 대한 책임을 묻는 유족들에게 미안하면서도 박 씨가 왜 하필이면 자신의 차량 아래서 잠이 든 건지 믿을 수 없는 현실에 괴로워했다.

이 사고에서 트럭 운전자인 이 씨와 사망한 박 씨의 과실비율은 각각 얼마나 될까. 우선 도로에 누워 있는 행위는 도로교통법상 도로에서의 금지행위에 해당돼 주간과 야간의 구분 없이 보행자의 과실범위가 30~40% 정도로 책정되는 것이 일반적이다.

다만 장소가 주택이나 상점가, 학교 등 사람의 통행이 빈번한 곳이라면 보행자의 과실은 10% 정도 감산되고, 반대로 도로가 간선도로 등의 교통량이 많고 차량의 속도가 높아 보행자의 주의가 요구되는 곳이라면 보행자과실은 10% 정도 가산된다. 이 사고의 경우 이 씨가 주택가도로에 잠시 차를 세우고 일을 보러 간 점을 감안하면, 박 씨의 과실은 30% 정도에 해당한다.

운전자의 경우 기본적으로 차량 아래 사람 등이 있는지 주의해야 할 의무가 있다. 그러나 야간이나 날씨가 안 좋은 경우 등

기타 시야장애 시에는 운전자의 과실이 10%가량 감산된다. 대신 보행자가 주의해야 할 의무는 10% 가산된다.

박 씨의 경우 운전자가 식별하기 어려운 차량 아래에 들어가 있었으므로 과실범위를 10% 더 물을 수 있다. 만약 박 씨가 차량 아래가 아닌 명백하게 식별가능한 곳에 누워서 잠들었다면 운전자인 이 씨의 과실이 10~20% 가산된다.

만취한 것 자체는 보행자의 과실이라 박 씨의 과실이 10% 정도 추가된다. 결과적으로 이 사건에서 만취한 채 도로에 누워 있던 박 씨의 과실은 약 50%이고, 주의의무를 다하지 않아 사망사고를 낸 이 씨의 과실도 약 50%에 해당한다.

도로교통법 제68조에 따르면 ▲도로에서 술에 취해 갈팡질팡하는 행위 ▲도로에서 교통에 방해되는 방법으로 눕거나 앉거나 서 있는 행위 ▲교통이 빈번한 도로에서 공놀이 또는 썰매타기 등의 놀이를 하는 행위를 금지하고 있다. 그럼에도 불구하고 위와 같은 사고발생 시 운전자의 과실도 적지 않은 만큼 항상 주위를 살피고 방어운전하는 것이 중요하다.

#어디서날지모르는게사고그래서필요한게보험

기계식 주차장에서 '쾅', 보험으로 보상받을 수 있나요?

직장인 김성식 씨(가명)는 복잡한 도심의 한 건물에 위치한 식당을 방문했다. 건물 뒤편에 위치한 차량용 엘리베이터(카리프트)를 이용해 주차장이 있는 지하로 이동하는 도중 갑자기 덜컹하는 소리와 함께 리프트가 멈췄다. 이 충격으로 김 씨는 차문에 팔꿈치를 부딪혀 부상을 입었다.

자영업을 하고 있는 이미진 씨(가명)는 친구에게 미용실을 소개받았다. 집과 거리가 좀 있어서 차를 가지고 나왔고, 예약을 한 미용실 건물에 도착하자 회전식 주차타워가 눈에 들어왔다.

관리인의 안내에 따라 주차팔레트(받침대) 위에 차를 올리던 이 씨는 턱을 넘어서던 중 덜컹하는 충격에 엑셀을 세게 밟고 말았고, 차는 팔레트를 넘어 맞은편 벽을 들이받았다. 이 사고로 벽면에 달린 거울은 산산조각 났고 이 씨의 차량은 앞범퍼가 파손됐다.

기계식 주차장을 설치하는 건물이 꾸준히 늘고 있다. 그러나 기계식주차는 보험가입 여부가 천차만별이라 사고가 났을 경우 보상 여부도 달라져 소비자들의 주의가 필요하다. 위 사례에서 김 씨는 건물주가 가입한 승강기배상책임보험으로 보상을 받았지만, 이 씨는 본인 자동차보험으로 처리했다. 두 사례는 어떤 차이가 있을까.

우선 기계식주차는 형태에 따라 의무보험가입 여부가 달라진다. 엘리베이터에 차량을 싣고 층을 이동한 후 주차를 하는 카-리프트는 승강기에 해당되어 의무보험인 승강기배상책임보험에 가입해야 한다. 2019년 7월 의무화된 승강기배상책임보험은 건물주 혹은 건물관리 주체가 가입하는 보험이다. 엘리베이터, 에스컬레이터, 무빙워크, 카-리프트 등 승강기사고로 제3자에게 신체 혹은 재산상의 손해가 발생할 경우 보상한다. 의무보험의 보상한도는 대인 최고 8,000만 원, 대물 1억 원이며 한도 내에서 실손보상된다.

김 씨가 이용한 기계식주차는 차량용 엘리베이터(카리프트)로 승강기에 해당된다. 따라서 김씨는 건물주가 가입한 승강기배상책임보험에서 팔꿈치 부상치료비를 보상받을 수 있었다.

하지만 대부분의 기계식주차는 승강기형태가 아닌 주차팔레트 위에 차를 얹어 회전하는 방식이다. 이런 형태의 기계식주차는 의무보험 대상이 아니다. 이럴 때는 건물주나 관리업체 등이 별도로 주차장배상책임에 가입했는지 확인해야 한다. 만약 건물이 주차장배상책임에 가입돼 있다면 보상을 청구할 수 있다. 일반적으로 주차장배상책임보험은 주차장에서 발생한 우연한 사고로 타인의 신체나 재물에 손해를 입힌 경우 보상한다.

문제는 대부분의 회전식 주차타워는 보험가입이 안 된 경우가 많다는 것이다. 이럴 경우 본인의 자동차보험으로 처리할 수 있다. 앞선 이 씨의 사례도 회전식 주차타워로 건물이 보험에 가입돼 있지 않았기에 본인의 자동차보험으로 처리를 한 경우다. 내 차로 인해 부서진 주차타워는 대물처리, 부서진 내 범퍼는 자기차량손해(자차)처리를 하면 된다. 이 과정에서 건물주 혹은 관리업체의 과실이 인정되면 자동차보험회사에서 건물주나 관리업체에 구상권을 청구하기 때문에 소비자 입장에서는 직접 시비를 가릴 필요가 없다.

단 승강기배상책임, 주차장배상책임, 자동차보험 등 보험의 종류를 막론하고 보상과정에서 운전자과실을 따지기 때문에 부분보상 혹은 보상이 어려운 경우도 있다는 점에 유의해야 한다. 예를 들어 회전식 주차장에는 SUV(스포츠유틸리티)차량은 들어갈 수 없는데, 운전자가 관리인의 말을 무시하고 억지로 주차하다가 사고가 났다면 보상받을 수 없다. 회전식 기계주차의 경우 보험이 없는 경우가 많기 때문에 주차 시 운전자들의 특별한 주의가 필요하다.

#말안듣다가사고난건보험안돼요

부록

'알아두면 쓸 데 있는 신박한' 특약

‘집콕’ 생활로 잦아진 가전제품 고장 걱정 ‘뚝’

가전제품수리비용 특약

올해로 결혼 7년 차인 김지현 씨(가명)는 코로나19 확산으로 대부분의 시간을 재택근무하며 아이와 함께 집에서 보낸다. 낮 시간에 집을 비워두던 때와 달리 종일 집에서 생활하다 보니 가전제품 사용량도 자연스레 늘었다. 특히 아이가 있다 보니 하루 종일 공기청정기와 가습기를 켠다. 틈날 때마다 청소기와 세탁기도 돌린다. 아이가 볼 수 있도록 TV의 교육채널도 수시로 틀어준다.

이렇다 보니 대부분 신혼 때 마련한 가전제품들이 하나둘씩 망가져 수리할 일이 잦아졌다. 최근에는 갑자기 TV 화면색이 변하고, 세탁기는 탈수가 제대로 안 됐다. AS센터에 전화해 수리를 요청했더니 구매한 지 한참 지났기 때문에 유상수리만 가능하다고 했다. 김 씨는 적지 않은 수리비용을 듣고 고치는 게 나은지 새로 사는 게 나은지 고민에 빠졌다. 가입한 보험을 통해 보상받을 방법은 없을까.

김씨가 '가전제품수리비용 특약'에 가입했다면 약관상 보상이 가능한 고장수리인 경우에 한해 보상받을 수 있다. 통상 가전제품수리비용 특약은 무상수리대상이 되는 고장이지만 무상수리기간이 지나 유상수리를 받아야 할 경우를 대비해 가입하는 보험이다. 일반적으로 자기부담금은 2만 원을 제외한 금액을 보상받을 수 있고, 보상은 보험계약일로부터 1년마다 100만 원 한도로 가능하다. 다만 일반적으로 무상수리가 되지 않는 파손이나 소모품교환 등은 보상하지 않고, 전기적 또는 기계적 고장으로 인해 정상적인 사용이 어려워 수리를 받는 경우 보상대상이 된다.

현재 각 보험사에서 판매 중인 가전제품수리비용 특약은 크게 6대 또는 12대 가전제품을 보장한다. 6대 가전제품은 TV, 냉장고, 세탁기, 김치냉장고, 에어컨, 전자레인지다. 12대 가전제품은 여기에 공기청정기, 청소기, 식기세척기, 의류건조기, 의류관리기, 제습기를 추가로 보장한다. 이때 냉장고는 화장품냉장고 등과 같은 특정 용도 냉장고는 제외된다. 이미 고장 난 가전제품을 보상받기 위해 보험에 가입하는 모럴해저드(도덕적해이)를 막기 위해 60일의 면책기간이 있다는 점에 유의해야 한다. 또 제조일로부터 10년을 초과한 제품도 면책사항에 해당하기 때문에 보험에 가입하기 전에 미리 제품의 제조일을 확인할 필요가 있다.

수리를 어디서 받는지도 중요하다. 가전제품은 고장이 났을 때 합리적인 가격으로 적정한 조치를 받아야 하기 때문에 제품에 대한 이해도가 높은 국내 공식AS지정점에서 수리를 받는 경우에 한해 보상한다. 이때 수리비는 부품비와 인건비뿐 아니라 수리를 목적으로 AS지정점의 직원에 의해 제품을 운반할 경우 발생하는 운반비까지 포함한다.

옆집 물새는 것도 보상되는 거 몰랐죠?

일상생활배상책임 특약

김선호 씨(가명)는 일주일간 지방출장을 마치고 집으로 돌아와 현관문을 열었다가 깜짝 놀랐다. 거실마루에 물난리가 난 데다 한파로 곳곳이 얼어붙기까지 한 것이다. 일주일 전 집을 나서면서 난방비를 아끼려고 보일러를 외출모드로 해 두었던 것이 화근이었다. 갑자기 추워진 날씨에 거실쪽 보일러 난방배관이 터져 누수가 발생한 것이다. 설상가상으로 아랫집 천장까지 물이 샜다. 지난달 이사 온 아랫집은 천장과 벽의 도배가 다 망가졌다며 김 씨에게 보상을 요구했다. 다행히 김 씨는 '일상생활 배상책임' 특약에 가입해 있어서 보험으로 보상받을 수 있다는 생각에 안심했다. 과연 김 씨는 보험으로 모든 피해를 보상받을 수 있을까.

일단 누수로 인한 이웃집손해에 대한 배상책임은 일상생활배상책임 특약에 가입했다면 보상받을 수 있다. 해당 특약은 일상생활 중 발생한 사고뿐만 아니라 보험증권에 기재된 주택의 소유·사용·관리 중 생긴 사고로 인한 배상책임도 보장한다. 따라서 김 씨 집의 누수로 망가진 아랫집의 벽과 천장을 새로 도배하는 비용은 보상받을 수 있다. 다만 모든 비용을 보상받을 수는 없다. 누수와 같은 대물사고의 경우 자기부담금 50만 원을 부담해야 한다. 또 특약 가입시기에 따라 자기부담금이 달라질 수 있다. 특히 일상생활배상책임 특약은 제3자에게 입힌 배상책임을 보상하는 담보다. 김 씨 본인이 입은 손해는 보상받을 수 없다.

이럴 때 만약 김 씨가 주택화재보험의 '급배수시설누출손해' 특약을 가입했다면 누수로 인해 본인이 입은 손해도 보상받을 수 있다. 급배수시설누출손해 특약은 수조, 급배수설비 또는 수관이 우연한 사고로 인해 누수 또는 방수돼 생긴 직접적인 손해를 가입금액 한도로 실제손해액을 보상한다. 구체적으로는 침수피해를 입은 마루의 철거비용과 교체 설치비용을 보상받는다. 10%의 자기부담금이 발생하며, 보험가입 후 90일이 지난 이후의 사고만 보상한다는 점에 유의해야 한다. 삼성화재 등의 보험사는 동파로 인한 누수를 보상하지만 일부 회사는 '기후온도 조건의 변화'로 인한 손해는 보상하지 않는다고 기재한 경우도 있다.

이 밖에 급배수시설누출손해 특약과 일상생활배상책임 특약 모두 손해방지비용 명목으로 누수탐지비용 등을 추가로 보상받을 수 있다. 손해방지비용이란 타인에게 부담하는 보험사고로 보상하는 사고 외에 그 손해를 방지하고 경감시키기 위해 들어간 비용이다. 또 이사를 한 경우 보험사에 이를 알리고 증권에 기재된 집주소를 바꿔야 한다. 배상책임보험은 보험증권에 기재된 주택의 소유·사용·관리 중 발생한 배상책임을 보장하기 때문이다. 주소가 다를 경우 보상을 받지 못할 수 있다.

그렇다면 주택화재보험에 포함된 풍수해 특약으로도 동파로 인한 누수를 보상받을 수 있을까. 결론부터 얘기하면 안 된다. 풍수해 특약은 태풍, 홍수, 호우, 강풍 등 자연재해로 발생한 손해만 보장한다. 추위, 서리, 얼음 등으로 인한 손해는 보상되지 않는다.

우리 아이 수족구도 문제없다

어린이특정질병통·입원 특약

30대 주부 김경미 씨(가명)는 다음 달에 유치원에 입학하는 큰 아이 때문에 요즘 고민이 많다. 가뜩이나 코로나19로 인해 약간의 감기증상만 있어도 민감한 시기인데, 김 씨의 아이는 유독 3월만 되면 수족구병을 앓아 왔기 때문이다. 아이가 아픈 것도 걱정이고 특히 다른 유치원생들에게 전염되거나 옮기기라도 하면 어떡하나 노심초사다. 김 씨는 가입한 어린이보험에서 수족구병을 보장해 주는지 궁금해 보험사에 문의하기로 했다.

수족구(手足口)병은 손, 발, 입안에 물집이 잡히는 급성 바이러

스성질환이다. 주로 6세 미만의 영유아들이 잘 걸리는데, 전염성이 강해 한 아이가 걸리면 다른 아이들도 쉽게 걸릴 수 있다. 건강보험심사평가원에 따르면 2019년 기준 수족구병 전체 환자수는 72만 4,000여 명에 달했다.

그렇다면 김 씨의 아이가 수족구병진단을 받아 치료를 받으면 보험금을 받을 수 있을까. 통상 수족구병은 영유아들에게 많이 발생하다 보니 어린이보험에서 주로 보장한다. 기존에는 어린이보험에서 수족구병이 면책사유에 속해 보장되지 않았다. 하지만 2020년부터 관련 담보가 생기면서 보장받을 길이 열렸다.

만약 김 씨가 수족구병 보장을 받으려면 아이 앞으로 가입해 놓은 어린이보험에서 '어린이특정질병통원 특약', '어린이특정질병입원 특약' 등 관련 특약에 가입하면 된다. 수족구병의 질병코드는 'B08.4'로 '피부 및 점막병변이 특징인 바이러스감염'(B08)에 속하는데, 해당 특약에서는 수족구병을 '어린이특정질병'으로 분류해 보장하고 있다. 해당 특약의 약관에 따르면 피보험자가 보험기간 중 어린이특정질병으로 진단이 확정되고 그 치료를 직접적인 목적으로 4일 이상 입원했을 경우, 4일째부터 1일당 2만 원을 지급한다. 단 입원급여금의 최고한도는 120일까지다.

보험사별로 차이는 있지만 보험기간 중 수족구병(엔테로바이러스소수포구내염)으로 진단확정이 된 경우, 연 1회에 한해 보험가입금액을 보장해 주는 상품도 있다. 실손보험을 통해서도 치료비와 입원비를 받을 수 있다. 수족구병으로 통원치료를 받으면 질병통원의료비 30만 원 한도 내에서 진찰검사료, 처방약제비를 보장해 준다. 수족구병으로 치료를 받아 입원을 해도 최대 5,000만 원 한도까지 각종 검사료, 치료비, 병실료를 지급받을 수 있다.

학교폭력 정신과 치료도 보험으로 보상받아요

학교폭력피해보장 특약

자영업자인 이미영 씨(가명)은 최근 불면증에 시달리고 있다. 중학생인 아들이 학급친구들로부터 따돌림과 신체적인 폭력을 당하고 있다는 걸 알게 됐기 때문이다. 다행히 괴롭힘을 당한 지 얼마 안 돼 이 씨가 사실을 알게 돼 학교에서 징계위원회가 열리고 가해 학생과 학부모로부터 사과를 받았다. 그렇지만 그동안 힘겨운 학교생활을 보냈을 아이를 생각하면 쉽사리 용서가 되지 않는다. 얼굴에 난 상처도 걱정이지만 이 사건이 트라우마가 돼 마음에 멍이 들진 않을까 노심초사다. 이 씨는 주변의 추천으로 아이를 데리고 정신과 상담을 받기로 했다. 코로나

19 여파로 장사가 안되는 데다 비싼 정신과 진료비가 부담된 이 씨는 가입한 보험회사에 보험금을 받을 수 있을지 문의했다. 하지만 보험사에서는 상해에 따른 치료비는 보험금이 나오지만 정신과 치료비는 줄 수 없다고 답했다.

최근 연예계와 스포츠계를 중심으로 잇단 학교폭력과 관련한 폭로가 나오면서 덩달아 부모들의 걱정도 커졌다. 혹시 내 아이가 피해자나 가해자가 될까 봐 불안한 것이다. 그렇다면 이 씨처럼 자녀가 학교폭력으로 피해를 입은 경우 보험을 통해 어디까지 보상받을 수 있을까.

우선 학교폭력은 어린이보험상품을 통해 보상받을 수 있다. 어린이보험에는 학교폭력 관련 특약이 있다. 보험사마다 특약 이름은 다르지만 통상 '일상생활 폭력상해 특약'으로 불린다.

이 특약은 학교폭력뿐만 아니라 싸움이나 부상사고 등으로 상해를 입어 경찰서에 신고가 된 경우 보장받을 수 있다. 다만 어린이보험에 가입돼 있다고 무조건 보상을 받는 것은 아니다. 가입한 보험이 학교폭력에 관한 특약이 있는지 확인해야 하며, 보험사별로 보험금지급금액과 횟수에 차이가 있으므로 구체적인 내용은 보험사에 문의해야 한다. 또 이 특약은 경찰에 신고가 됐을 때만 보장되기 때문에 폭력사고확인서, 파출소나 학교에서 발급해 주는 사고확인서를 보험금청구 시 반드시 포함해야 한다.

일반적으로 신체상해가 아닌 정신과 치료에 대한 보상은 받기 어렵다. 단 삼성생명이 판매 중인 '학교폭력피해보장 특약' 등에 가입했을 경우는 보장받을 수 있다. 이 상품은 경찰서에 신고접수가 돼 폭력사고확인서를 발급받지 않더라도 학교폭력대책심의위원회 결과에 따라 보험금이 지급된다. 또 기존 신체적 피해와 정신적 피해에 대한 보장도 1회 50만 원까지 보장해 준다.

반대로 학교폭력 가해자의 경우는 보험으로 보상받을 수 있을까. 가해학생의 나이 등에 따라 일상생활배상책임보험이나 자녀배상책임보험에 가입했다면 보상이 가능할 수도 있다. 기본적으로 일상생활배상책임보험에서 폭력행위에 대한 배상책임은 면책사항으로 보상하지 않는다. 다만 자녀가 만 15세 미만의 미성년자이고 부모가 일상생활배상책임보험에 가입했다면 보상받을 수 있다.

민법 755조에 따라 미성년자가 타인을 괴롭혀 문제를 일으켰다면 부모가 손해배상을 부담해야 하는데, 이 경우 부모가 가입한 보험사에서 이를 지급해야 하기 때문이다. 즉 부모가 만 15세 미만의 심신미약 상태인 자녀에 대한 관리, 감독을 잘하지 못해 일어난 사고에 대해서는 부모가 가입한 보험상품을 통해 보험사가 보험금을 줘야 하는 것이다. 하지만 만 15세 이상의 자녀가 다른 사람을 괴롭혀 배상책임이 있을 경우에는 고의로 학교폭력을 행사한 것으로 간주해 보험사가 보험금을 지급하지 않는다.

대상포진에 자주 걸려 걱정이라면

대상포진진단비 특약

50대 주부인 손은미 씨(가명)는 몇 년 전부터 명절만 지나고 나면 어김없이 대상포진에 시달리고 있다. 손 씨는 몇 년 전 차례를 지내고 집에 돌아오는 길에 조금씩 몸이 가렵고 쑤시더니 으슬으슬 감기처럼 열이 나고 머리에 붉은 띠 모양의 수포가 생겼다. 처음에는 몸살인가 했지만 며칠 후 칼로 찌르는 듯한 통증을 느껴 병원을 찾았더니 대상포진이라고 했다. 그 이후로 명절만 지나고 나면 대상포진에 걸리는 통에 올해는 무사히 넘길 수 있을지 벌써부터 걱정이다.

대상포진이 가장 많이 발생하는 때는 추석명절을 전후한 9월이다. 고된 가사노동과 장거리운전 등으로 피로와 스트레스가 커지고 면역력이 약해지면서 남녀노소 불문하고 대상포진 환자가 늘어나는 것이다. 건강보험심사평가원 국민관심질병 자료에 따르면 대상포진으로 병원을 찾은 환자는 2020년에만 74만 명에 달했다. 2014년 64만 명에서 6년 만에 10만 명 넘게 늘어난 수치로 연평균 3%씩 꾸준히 증가한 수준이다.

연령별로는 주로 50대 이상에서 많이 발병하는 가운데 최근에는 20~30대 젊은층의 환자도 증가하는 추세다. 또 남성보다 여성이 1.5배 더 많이 발생했으며, 65세 고연령자비중도 4명 중 1명 꼴로 19만여 명에 달했다.

대상포진은 몸 한쪽에 띠를 두르듯이 물집이 나타나는 것이 전형적인 특징이다. 가장 고통스러운 증상은 바로 통증이다. 급성기에는 쑤시는 통증부터 불에 타는듯한 느낌과 같은 극심한 통증이 생기고 심하면 옷에 스치는 것만으로도 통증이 유발되는 때도 있다. 초기에 적절하게 치료하지 못하면 만성통증이 발생하는 '포진 후 신경통'의 발병률이 높아질 수도 있다. 대상포진 환자 3명 중 1명에서 포진 후 신경통이 발생하며 이 중 30%는 1년 이상 통증이 지속해 어려움을 겪는 것으로 알려졌다.

여느 질병과 마찬가지로 대상포진도 초기치료가 중요하다. 통상 피부발진 후 '골든타임'인 72시간 이내에 치료를 받아야 한다. 그렇다면 손 씨의 사례처럼 대상포진진단 후 치료를 받은 경우 보험금을 받을 수 있을까.

우선 실손보험에 가입해 있다면 치료비를 보상받을 수 있다. 손 씨의 경우 대상포진으로 검사와 통원치료를 받았는데, 질병통원의료비담보를 통해 30만 원 한도 내에서 진찰검사료, 처방약제비 등을 보상받을 수 있다.

대상포진증상이 심해 입원한 경우에도 질병입원의료비에서 보장이 가능하다. 대상포진으로 통증치료와 피부질환치료를 받았다면 각종 검사료, 치료비, 병실료를 5,000만 원 한도 내에서 보상받을 수 있다. 실손보험가입시기에 따라 본인부담률이 전혀 없는 경우도 있고, 10%, 20% 등 다르기 때문에 본인이 가입한 실손보험의 본인부담률을 확인해볼 필요가 있다.

다만 대상포진의 경우 치료 후에 흉터가 남을 수 있는데, 이 경우 실손보험으로 처리가 어렵다. 실손보험은 치료 목적일 경우 보상하기 때문에 흉터제거는 미용치료로 분류돼 보험금을 받기가 어렵다.

실손보험이 아니더라도 '대상포진진단비 특약'에 가입했다면 정액보상도 받을 수 있다. 대상포진을 보장하는 보험상품은 주로 건강질병보험의 특약으로 판매되지만 최근 대상포진환자가 꾸준히 늘면서 일부 보험에서는 주계약에서 보장하는 보험도 출시되고 있다.

대상포진을 보장해 주는 특약은 대표적으로 '대상포진진단비 특약', '대상포진눈병진단비 특약' 등이 있다. 고령층이 주로 발생한다는 점에서 '시니어7대보장 특약' 등의 이름으로도 판매된다.

대상포진진단비 특약가입한 후 대상포진으로 진단을 받으면 가입금액을 일시금으로 지급받을 수 있다. 대상포진이 눈으로 왔을 경우에는 대상포진눈병진단비 특약에서 정액으로 보상이 가능하다. 대상포진진단비 특약의 보장금액은 통상 100만~200만 원이며, 대상포진눈병진단비 특약은 최대 300만 원까지 보장한다. 단 보험사마다 가입금액한도가 다르다는 점에 유의해야 한다.

대학생 아들 때문에 차보험료 3배 올랐다면

임시운전자 특약

직장인 최종원 씨(가명)는 출퇴근할 때 타는 중형차 외에 아내가 근거리용으로 이용하는 소형차를 '세컨드카'로 보유하고 있다. 최 씨는 최근 대학생이 된 아들이 자신도 차량을 운전하고 싶다고 해 아내가 이용하는 소형차를 함께 운전할 수 있게 해주기 위해 자동차보험 특약을 바꾸러 갔다가 깜짝 놀랐다. 40만 원대에 불과하던 자동차보험료가 120만 원대로 훌쩍 뛰었기 때문이다. 졸지에 3배나 비싸진 자동차보험료를 내게 된 최 씨. 과연 어떻게 된 일일까.

자동차보험은 차량을 이용하는 운전자가 많을수록, 즉 운전자의 범위가 넓을수록 보험료가 비싸진다. 최 씨의 경우 이전에는 부부만 운전하는 특약에 가입해 보험료 할인혜택을 보다가 이번에 자녀까지 운전이 가능하도록 운전자범위를 확대하면서 보험료가 크게 오른 것이다.

통상 기명피보험자 한 명만 운전하는 경우 보험료가 가장 저렴하고, 누구나 운전할 수 있게 설정하면 보험료가 가장 비싸다. 운전자범위는 ▲부부 ▲가족 ▲가족 및 형제자매 ▲기명피보험자 및 지정 1인 등 다양하게 설정할 수 있다.

운전할 수 있는 최소나이를 어떻게 설정하느냐에 따라서도 보험료가 달라진다. 나이가 어릴수록 운전경력이 짧아 사고위험이 높다고 보기 때문에 최소연령을 낮게 설정할수록 보험료가 비싸진다. 최 씨의 경우는 아들이 만 19세로 운전자최소연령이 40대 이상에서 10대로 크게 낮아진 데다 기존에 부부만 운전할 수 있게 운전자를 설정해둔 상태에서 자녀까지 운전할 수 있게 범위가 넓어지면서 보험료가 훌쩍 뛴 것이다.

그렇다면 최 씨와 같은 경우 조금이라도 보험료를 아끼고 싶다면 어떤 방법이 있을까. 만약 최 씨처럼 어린 자녀가 운전을 하고 싶어 하는데, 실제로 주행하는 날이 많지 않다면 굳이 운전자범위를 변경하지 않고 운전하는 날에만 보험을 가입하는 방법이 있다. '임시운전자 특약'이나 '원데이보험' 같은 것을 활용하는 것이다.

임시운전자 특약은 특정기간 동안 임시로 '누구나' 해당 차량을 운전할 수 있도록 운전자범위를 확대해 주는 것이다. 1일부터 최대 30일까지 자유롭게 기간을 정할 수 있으며, 보험료는 가입자에 따라 다르지만 통상 하루 1만 원을 넘지 않는 수준이다. 다만 특약을 추가한 날의 자정부터 효력이 발생하기 때문에 반드시 최소 하루 전에는 가입해야 한다.

원데이자동차보험은 운전자가 다른 사람의 자동차나 렌터카를 이용할 때 본인이 직접 가입하는 단기자동차보험이다. 보험가입을 한 당사자가 운전해야 보상받을 수 있고, 최소 1일에서 최대 7일까지 가입기간을 선택할 수 있다. 보험료는 사람에 따라 다르지만 하루당 3,000~7,000원 내외다. 원데이자동차보험은 하루 전에 가입해야 보상받을 수 있는 임시운전자 특약과 달리 가입 즉시 보험효력이 발생하는 장점이 있다.

최 씨의 경우 현재 자녀를 포함해 자동차보험설정을 다시 할 경우 약 80만 원의 보험료를 추가부담해야 하는 상황이다. 자녀가 한 달에 약 4일, 일 년에 50일 정도 운전한다고 가정하면 하루에 약 1만 원 정도 하는 임시운전자 특약을 활용하면 운전자를 추가하는 것보다 약 30만 원 정도 보험료를 절약할 수 있다.

만약 자녀가 직접 원데이자동차보험을 가입한다면 가입한 본인만 운전할 수 있는 원데이보험의 특성상 보험료가 더 저렴해진다. 1일 보험료 5,000원 기준으로 연간 50일 가입한다고 가정하면 가족운전 특약으로 보험을 변경하는 것보다 약 35만 원 정도 보험료를 아낄 수 있다.

| 에필로그 |

'좋은 보험회사' vs '나쁜 보험회사'

첫 장에 쓰려다 에필로그로 아껴둔 질문이 있다. 보험에 관한 책을 쓰려다 보니 제일 먼저 떠오른 질문이다.

'보험회사는 진짜 뭐 하는 곳일까?'

보험상품 만들어서 보험료 받고, 보험금 주는 곳이란 것은 알겠는데, 정말 사회에 필요한 곳일까. 어떻게 하다 왜 만들어졌을까. 그런데 왜 또 그렇게 욕을 먹을까. 모두 쉽게 말하듯 정말 '나쁜 회사'일까.

답을 찾기 위해 보험과 보험사의 시작부터 거슬러 올라가 봤다. 보험의 정확한 기원은 정확하게 알려지지 않았지만, 수 천

년 전으로 추정된다. BC 4000년 전 바빌론시대 때부터 위험을 전이하는 일종의 보험과 같은 형태의 거래가 발견됐다고 한다. 중세시대에는 선박의 사고를 보장하는 해상보험이 이탈리아에서 시작됐고, 근대에 들어 대형화재를 겪은 런던에서 전 세계 첫 보험회사가 탄생했다.

우리나라에 보험이 본격적으로 도입된 건 일제강점기인 1876년 강화도조약 체결 직후 일본 보험회사가 국내에 들어오면서부터다. 최초의 보험상품은 1887년 대조선보험회사가 판매한 '소 보험'이다. 소가 죽었을 때 보험금을 지급하는 상품인데, 보험에 가입하지 않은 소는 시장에서 매매하지 못하게 해 원성을 사면서 100일 만에 사라졌다.

우리나라 최초의 보험사는 이보다 한참 후인 1920년대 탄생했다. 일본 보험사들이 속속 국내에 상륙하자 위기감을 느낀 국내 자본가들의 힘으로 1921년 조선생명주식회사가 최초의 생명보험사로 출발했다. 하지만 1962년 문을 닫았고, 현재 영업을 하는 보험사 중에서는 메리츠화재가 가장 오래된 보험사다. 1922년 조선화재해상보험주식회사로 시작해 1950년 동양화재해상보험주식회사로 사명을 변경했고, 2005년 현재의 메리츠화재가 됐다.

이후 1940년대 들어 광복 이후 한화생명의 전신인 대한생명, 한화손해보험의 전신인 신동아손해보험이 출범했다. 이후 수많은 생명·손해보험사들이 생겨났고, 1970년대부터 기존 단체보험에서 개인보험 위주로 전환되면서 본격적으로 외형성장을 하기 시작한다. 1990년대까지 우리나라 보험사들은 국가주도하에 성장기를 맞는다. 국가정책에 보조를 맞춰 주로 교육보험, 양로보험, 연금 등 저축성상품 위주로 팔면서 외형을 키웠다. 당시 국가적으로 산업발전을 위한 자본이 요구되는 시기였기 때문에 보험사들은 장기자본공급에 큰 역할을 했다. 하지만 보험사 간 경쟁 없이 저축성보험 중심의 획일화된 상품만 팔면서 시장규모에 비해 질적으로는 시장이 성숙하지 못했다는 평을 받는다.

국내 보험업계는 1990년대 들어 보험시장개방과 금융자율화 등을 겪으며 본격적인 경쟁체제로 전환했다. 외국계 보험사의 국내 진출이 본격화했고, 경쟁에 대응하기 위해 당시 6개뿐이던 생명보험사를 약 30개 가까이 늘렸다. 각 지방마다 보험사가 난립했다. 하지만 얼마 버티지 못하고 1997년 외환위기 당시 대부분 파산하거나 합병됐다.

2000년대 들어 보험업계는 저성장과 저금리에 직면한다.

1990년대 유동성확보를 위해 판매한 7~8%대 고금리확정형 상품들은 저금리시대 '부메랑'이 돼 돌아왔다. 금리가 인하되면 자산운용 수익률도 함께 내려갈 수밖에 없다. 과거에 판매한 고금리확정형상품이나 높은 최저보증이율을 제공하는 상품은 계속 높은 금리를 적용해 보험금을 지급해야 하기 때문에 자산운용으로 벌어들이는 수익보다 나가는 돈이 더 많은 역마진현상이 심화한다.

초저금리로 영업환경이 열악해지면서 역성장도 현실화했다. 생명보험업계는 금리에 민감한 저축성보험과 연금보험의 비중이 높은데 저금리가 장기화하면서 이 상품들을 적극적으로 판매하기 쉽지 않다. 저축성보험과 연금보험은 최저보증이율을 제시하고 일정 수준의 금리를 내줘야 하는데 저금리가 이어지면서 수익률을 올리기 힘들어졌기 때문이다. 건강·상해보험 등 보장성 상품 위주로 주력상품을 바꾸고 있지만 시장은 이미 포화상태다. 손해보험사들은 만성적자에 시달리는 자동차보험과 실손보험 때문에 골치가 아프다. 받은 보험료 대비 지급한 보험금 비율인 손해율이 해마다 치솟아 팔수록 적자인 상황이 계속되고 있어서다.

이처럼 국내 보험사들은 지난 100여 년간 많은 변화를 겪었다. 성장도 했고 위기도 맞았다. 이쯤에서 서두에 했던 질문으로 다시 돌아가 보자.

'보험사는 과연 나쁜 회사일까?'

국내 보험사들은 성장기에 산업자본이 필요했던 국가주도로 규모를 키워나갔다. 서로 경쟁할 필요 없이 모든 회사가 똑같이 '붕어빵' 상품을 만든 후 설계사 조직의 규모가 큰 순으로 시장을 나눠 가졌다. 시장은 미성숙했고, 소비자 보호는 뒷전이었다. 성장기의 보험사는 소비자 입장에서 아무리 좋게 봐줘도 좋은 회사일 수 없었다.

하지만 지금은 보험사를 둘러싼 환경이 많이 바뀌었다. 상품 경쟁이 치열해졌고, 판매 채널도 다양화됐다. GA(법인대리점)시장이 전속 채널을 압도할 만큼 성장한 가운데 제판분리(상품제조와 판매분리)를 하는 보험사들도 속속 생기면서 이른바 설계사 '쪽수'가 매출을 보장해 주던 시대도 지났다. 게다가 디지털 보험사들이 탄생하고, AI(인공지능)와 빅데이터 등을 중심으로 4차산업혁명 바람도 거세다.

보험업의 미래를 쉽사리 예측하기 어렵지만 한 가지만은 확실해 보인다. 앞으로는 소비자에게 '나쁜 회사'라는 평을 받는 보험사는 살아남기 어렵다는 것이다. 과거에는 소비자 눈에 다 똑같이 보여서 '보험사=나쁜회사'였다면 앞으로는 회사별 차이가 눈에 확연히 보일 수밖에 없다. 어떤 회사는 '좋은 보험회사'이고, 어떤 회사는 '나쁜 보험회사'가 될 것이다. 상품부터 시작해 서비스, 소비자 보호까지 소비자들의 눈높이도 높아졌다. 보험업계 종사자들은 전에 없던 새로운 변화의 중심에 서 있다. 어떤 걸음을 내딛는지에 따라 앞으로 100년 후 보험사에 대한 평가가 달렸다.

| Thanks to |

이 책은 약 2년간 매주 토요일 오전 머니투데이 온라인 기사로 연재된 '전기자와 보아요' 칼럼을 바탕으로 만들어졌다. 보험에 대해 독자들이 궁금해하는 점이 많은데, 지면에는 딱딱한 기사가 주로 나가다 보니 온라인용으로 쉽고 재미있게 유용한 정보를 주자는 게 기획취지였다.

매회 각 보험사 실무진과 전문가들의 도움을 받아 썼다. 그 분들의 도움이 없었다면 2년 이상 꾸준하게 연재되지도, 이 책이 나오지도 못했을 것이다. 늘 좋은 아이템으로 네티즌들의 뜨거운 관심을 받게 해준 박혜진 님, 2년간 '보아요'의 처음과 끝을 함께 하며 아이템 개발에 힘써 준 이영빈 님, EBS 교육방송 같은 아이템을 지향한다면서도 막상 때가 되면 온라인에서 반응이 좋은 아이템 사이에서 내적 갈등을 겪던 손기철 님, 살림꾼처럼 뚝딱뚝딱 틈새에서 유용한 아이템들을 떠올려 준 박정민

님, 송지혜 님, 김원 님 등을 비롯해 아이템 선정과 취재에 도움을 주신 삼성생명, 한화생명, 삼성화재, 현대해상, 교보생명의 모든 담당자와 관계자들께 진심으로 감사드린다. 삼성화재와 메트라이프 관계자들께서 연재시기와 출간시기 사이에 혹시 제도나 상품이 달라진 점은 없는지 꼼꼼하게 모니터링해 주셨다. 다시 한번 감사의 인사를 드린다. 또 책의 기획단계에서 많은 아이디어를 주신 송영록 메트라이프생명 사장께도 특별히 감사한 마음을 전한다.

이 책을 쓰는 동안 여러 고민을 마주할 때마다 많은 분들께 과분한 응원과 격려를 받았다. 작은 말 한마디에 큰 힘을 얻었다. 마지막으로 부족한 글이 한 권의 책이 되기까지 도와주신 모든 분들께 앞으로 "더 잘하겠다"는 다짐을 남긴다.

| 추천의 글 |

관주위보(貫珠爲寶), '구슬이 서 말이라도 꿰어야 보배'라고 했다. 전혜영 기자가 드디어 일을 냈다. 그동안 한 주에 한 꼭지씩 그 구슬들을 꿰어서 드디어 보배 같은 책으로 엮어낸 것이다. 전혜영 기자의 시선은 주저하지 않고 보험의 본질을 향한다. 명쾌하게 납득되기 전에는 의심을 거두지 않으며, 설렁설렁 적당히 타협하고 눙치는 것을 용납하지 않는다. 그래서 이 책은 정확하고 객관적이며 설득적이다. 우리의 일상에 보험이 익숙해지고 공감을 얻으려면 좋은 지침서들이 많이 나와야 한다. 전혜영 기자의 『보험, 아는 만큼 요긴하다』는 우리가 일상에서 부딪힐 수밖에 없는 여러 보험의 소재들을 특유의 감성과 언어감각으로 재미있게 풀어냈다. 바쁜 현대사회에서 빨리, 쉽게, 편하게 보험을 이해하는 데 그야말로 안성맞춤이다. 좋은 책은 좋은 친구이자 좋은 선생님이다. 이 책을 학생과 교육자, 보험설계사, 보험업계 종사자, 그리고 보험을 알고 싶어하는 모든 이들에게 추천한다. _**정희수** 생명보험협회 회장

복잡하고 어려운 보험은 이제 안녕! 생생한 사례가 녹아있는 훌륭한 보험 지침서인 이 책은 보험에 대한 기초부터 활용까지 쉽게 따라갈 수 있는 지름길을 제시한다. _**정지원** 손해보험협회 회장

누구나 하나쯤 갖고 있지만 이해하긴 쉽지 않은 보험! 약관만으론 보험을 이해하기 어렵다면 생생한 사례가 함께 하는 이 책을 펼쳐 보길 바란다. _**최영무** 삼성화재 대표이사 사장

일반인은 물론 보험에 종사하는 사람들에게 일독을 권한다. 보험은 늘 우리 곁에 있지만 가까이 오면 달아나고 싶을 때가 있다. 지친 삶에 생로병사에 관한 이야기를 듣기 거북할 때도 있기 때문이지만, 보험 내용이 어렵기 때문인 것도 큰 이유이다. 이 책은 우리가 꼭 알아야 할 보험상품과 보험을 이용할 때 주의해야 할 사항을 보험 전문기자 특유의 필력으로 쉽게 풀이해 주고 있다. _**성대규** 신한라이프 대표이사 사장

'고객중심(Customer focus)'의 출발은 고객들이 보험상품을 쉽고 명확하게 이해하게 함으로써, 잘 활용할 수 있도록 하는 것이다. 그런 점에서 이 책은 고객에게는 가이드로써, 또 고객에게 필요한 보장을 전달하는 설계사들에게는 고객의 니즈를 폭넓게 공부할 수 있는 좋은 지침서로써 그 역할을 다할 것이다. _**송영록** 메트라이프생명 대표이사 사장

보험을 떠올리면 우선 어렵다. 그들만의 리그다. 소비자와 가장 친화력이 있어야 할 보험을 과연 완전히 이해하고 가입하는 사람이 얼마나 될까. 저자는 가장 어렵다는 보험을 중학생이 알아들을 수 있을 정도로 쉽게 풀어 보험의 난제들을 설명한다. 핵심을 하나하나 친절하게 짚어 준다. 보험을 처음 접하는 소비자는 물론 실무에 종사하는 보험인들에게 현명한 지침서가 될 것으로 기대한다. _**안철경** 보험연구원 원장

보험,
아는 만큼 요긴하다

초판 1쇄 발행 | 2021년 8월 19일
초판 2쇄 발행 | 2021년 9월 16일

지은이 | 전혜영

펴낸이 | 송미진
쓰는이 | 임태환
알리는이 | 홍준의
꾸민이 | 장정운

펴낸곳 | 주식회사 시그니처
출판등록 | 제2016-000180호
주소 | 서울시 마포구 큰우물로 75 1308호(도화동, 성지빌딩)
전화 | (02)701-1700
팩스 | (02)701-9080
전자우편 | signature2016@naver.com
홈페이지 | www.ssongbooks.com

ISBN 979-11-89183-14-1 (03320)

값 18,000원